JN115839

法政大学イノベーション・マネジメント研究センター叢書　24

サステナビリティ・トランスフォーメーションと経営構造改革

長谷川直哉【編著】

文眞堂

目　次

序　章

本書刊行の経緯と意図

1. はじめに

本書はサステナビリティ経営やコーポレートガバナンスに造詣の深い研究者と実務家の知見にもとづいて編集されたものである。執筆者は法政大学と環境経営学会に所属するメンバーとESG情報開示を中心に企業コミュニケーションをトータルに支援する企業から構成されている。

改訂コーポレートガバナンス・コードの発効（2021年），東京証券取引所上場区分の再編（2022年）によって，企業は経営構造の再構築に向けた大きな変革を迫られている。バブル崩壊から30年が経過したが，依然としてグローバル市場における日本企業の存在感はかつての輝きを取り戻していない。

20世紀後半，日本企業は大量消費社会の到来を背景に大量生産・大量消費型経営モデルを確立し，グローバル市場を席巻してきた。しかし，化石燃料の大量消費によって顕在化した地球温暖化による影響は，市民社会の将来に暗い影を落としている。

SDGsやパリ協定の登場によって，サステナビリティが世界の共通言語となった。かつて日本企業に繁栄をもたらした大量生産・大量消費型経営モデルは，地下資源と化石燃料の大量消費を前提としているため，サステナビリティ経営への転換にとって足枷となっている。

COP26で採択されたグラスゴー合意によって，カーボンニュートラルの目標は1.5℃に格上げされた。日本企業に求められるCO_2削減量は，もはや小手先の対応では実現できない水準となっている。いま日本企業に求められているのは，過去の成功体験の呪縛を解いて経営構造を抜本的に再構築することであろう。

本書はこうした認識の下，サステナビリティ・トランスフォーメーション（SX）を実現する経営とは何かについて，様々なアプローチからの研究成果をまとめたものである。

2. 物言う株主の圧力

低迷が続く日本企業に対して，経営陣に厳しい要求を突きつけるアクティビスト（物言う株主）の圧力が強まっている。アクティビストはコロナ禍によって業績が低迷している日本企業をターゲットにしつつ，自己株買いや配当を通じた株主還元の強化を求めている。

アクティビストは株主至上主義を掲げ，ショートターミズムと言われる短期志向が行動原理である。彼らの姿勢は企業の長期的な繁栄を背景に，あらゆるステークホルダーが求める価値を創出するというサステナビリティ経営の価値観とは相容れない。米国においても，短期的な収益追求を金科玉条のごとく掲げるアクティビストに対する批判は少なくない。

アクティビストの活動を是とするものではないが，コーポレートガバナンスの強化については日本企業にも反省の余地があるだろう。商法および会社法の改正によって，企業は委員会設置会社に移行出来るようになった。委員会設置会社はコーポレートガバナンスの強化を目的として導入された制度であり，経営の監督と業務執行を明確に分離し，経営監督機能の強化と経営の透明性を高めることを目的としていた。

プライム市場上場企業の指名および報酬委員会の設置割合は年々増加しており，現在では法定・任意を合わせると 8 割超に達している（2022 年 7 月現在）。任意の指名および報酬委員会では，9 割近い企業で社外取締役が過半数となっている。日本企業のコーポレートガバナンスの形式的要件は整いつつあるが，その実態は如何なものであろうか。

3. 経営構造の制度疲労

SDGsとパリ協定の登場によってサステナビリティが世界共通の価値観となった今，日本企業を支えてきた地下資源と化石燃料を大量に消費するビジネスモデルは限界に到達しつつある。しかしながら，サステナビリティ社会にマッチした経営構造の変革に向けた日本企業の足取りは重い。

その要因の一つが取締役会の構造にあるのではないだろうか。新卒一括採用というシステムによって，日本企業の経営陣は組織内から選抜された社内取締役で構成されてきた。彼らは数十年に及ぶ組織内の競争を勝ち抜いてきた強者である。ビジネスマンとして優秀であることが必ずしも優れた経営者の条件ではない。

例えば，三菱電機では数十年続いていた不正が明るみ出たが，組織内での不正が常態化していたのであろう。機能・品質・価格は日本企業の競争優位性を支えてきた核心的な要素であったが，日立グループでの品質不正や日野自動車による排ガスや燃費の性能偽装は，日本企業に対する信頼感を失墜させる深刻な事態を招いている。

一連の品質偽装問題は企業統治が機能していないことを示している。日本企業が劣化していること示す事例は品質問題だけではない。繰り返されるみずほ銀行のシステム障害はその一例であろう。組織内のコンセンサスを重視し，予定調和的な意思決定を繰り返す経営構造が日本企業の劣化の背景にあるのではないだろうか。

4. 同質化した共同体からの脱却

既述したように新卒一括採用を起点とする日本企業の組織は，よくも悪くも一種のコミュニティと化している。言い換えれば，同じ目標に向かって進む同質化した共同体である。20世紀後半の繁栄は，日本企業の持つ同質化した共同体としての特徴が最大限に発揮された成果だったと言えるだろう。

しかし，一歩歯車が逆回転すると同質化した共同体は，組織にとって不都合な真実を隠し，誤魔化そうとする方向に動いてしまう。対応すべき目前の課題を矮小化し，先送りしてしまうのである。組織にとって不都合な事実を隠蔽する組織風土が不祥事を生み出しているのである。

いつ不祥事が起こっても不思議ではない組織風土は，組織マネジメントの欠如から生まれる。取締役会のマネジメント能力の欠如が問題なのである。最近，パーパス経営に関心が集まっている。パーパスとは企業の存在意義であるが，存在意義を改めて問い直さなければならない程，日本企業の組織は劣化しているのではないだろうか。

改訂コーポレートガバナンス・コードと東証上場区分の再編は，取締役会の実効性向上を求めている。SDGs とパリ協定を起点とするサステナビリティの世界的な潮流は，予定調和的なコンセンサスが常態化していた日本企業の取締役会に厳しい要求を突きつけている。

5. 求められる「グレートリセット」と「アウトサイドイン・アプローチ」

これまでのように課題を矮小化して先送りするか，それとも正面から課題と向き合って経営構造の変革に挑むか，それは取締役会の意思にかかっている。いま日本企業に求められているのは，不作為の暴走を制御するマネジメント体制を構築することである。独立社外取締役には予定調和的な取締役会に一石を投じる経営変革の要としての役割が期待されている。

改訂コーポレートガバナンス・コードと東証再編によって，独立社外取締役を採用する企業は増加している。しかし，形式要件は備えていても独立性が疑わしいし社外取締役は少なくない。株式持ち合いが社外取締役の持ち合いに姿を変えたとみられるケースもある。ガバナンス・コードと東証再編の意図を矮小化せず，独立社外取締役が機能できる組織風土を作ることが CEO の役割といえるだろう。

SDGs はサステナビリティを実現するために，思考パターンを根本的に転換していく「グレートリセット」と「アウトサイドイン・アプローチ」が必要であると説いている。この二つの要素は日本企業に最も欠けている要素といえるだろう。取締役会には組織の価値観やシステムをリセットし，新しい仕組みを創り出していくことが求められているといえよう。

6. 社会から共感される経営とは

1990年代以降，わが国では相次ぐ企業不祥事の発覚，バブル崩壊による企業業績の悪化とそれに伴う株価低迷を背景に，コーポレートガバナンスのあり方が問われるようになった。ここ数年，サステナビリティを巡る世界的な潮流が高まりを見せる中で，実効性あるコーポレートガバナンスの再構築が必要であるという認識が高まっている。

失われた30年と言われるが，形骸化した取締役会が日本企業の競争力や資本効率の低下を招いた要因の一つといえるのではないだろうか。改訂コーポレートガバナンス・コードと東証再編は，投資家が不満に感じている予定調和的な取締役会を改革し，取締役会の実効性を向上させることを目指している。一連の改革は「稼ぐ力」と「利益の質」の双方を高めることで，日本企業の価値を向上させることを意図しているといえよう。コーポレートガバナンスを巡る論点は，作為の暴走を防ぐコンプライアンス的な要素から，直面する課題を先送りし，予定調和的な意思決定を繰り返す取締役会による不作為の暴走を如何に抑制するかに移ったのである。

SDGsやパリ協定によって企業を取り巻く事業環境は大きく変化している。投資家やZ世代を中心とするステークホルダーは，財務情報では開示されない長期的な価値創造プロセスに強い関心を持つようになった。

米国S&P500構成銘柄の市場価値に占める無形資産の割合は，1975年時点では17%に過ぎなかったが，2009年になると無形資産の割合は81%に上昇している。無形資産にはパーパス，経営者の質，従業員の能力やモチベーション，事業戦略とSDGsの関係性など様々な要素が含まれるが，最も重要な要素は経営に対する社会からの信頼と共感であろう。

企業経営の起点とは「企業は何故存在しているのか（パーパス）」という問いであり，経営者の役割とは「企業はどこを目指すのか（ビジョン）」という「ありたい企業像」を示すことではないだろうか。パーパスは「Why」，ビジョンは「Where」と置き換えることができる。

いま社会が企業に求めているのは，「Why」を起点にして「Where」に至るロードマップを示すことなのである。コーポレートガバナンスとは「ありたい企業像」の実現を担保する仕組みなのである。

日本企業が取り組むべき課題は多い。COP26で採択されたグラスゴー合意では，パリ協定の目標が1.5℃に格上げされた。日本企業はCO_2削減に向けてより厳しい対応が迫られているが，小手先の対応では1.5℃目標の実現は難しい。大量生産・大量消費型の経営構造を抜本的に見直すことが必要となるだろう。カーボンニュートラルの成否は取締役会の決断と実行力に大きく左右されるのである。言い換えれば，カーボンニュートラルとの向き合い方は「経営の質」を表象しているとも言えよう。サステナビリティ・トランスフォーメーション（SX）と経営構造改革は表裏一体の関係にあることを忘れてはならないのである。

7. 本書の構成

本書全体の構成について説明を加えておきたい。第1章「SXを因数分解する～4Xsの実践～」では，国内外のトレンドとなっているSX（サステナビリティ・トランスフォーメーション）を一つの“大きな塊”として捉えるのではなく，GX（Green Transformation），DX（Digital Transformation），PX（Business Portfolio Transformation），CX（Corporate Governance Transformation）という4つのトランスフォーメーション「4Xs（フォー・エクシーズ）」の視点で捉えることを提唱する。（執筆者：川村雅彦）

第2章「企業評価手法の変遷からみるサステナビリティ変革の方向性」は，ESG投資の拡大など評価手法の変遷とサステナブル社会の動向を踏まえつつ，企業評価における新たな視点や仕組みについて検討している。（執筆者：伊藤

由宣）

第3章「日本企業のサステナビリティ報告とESG情報開示——その現在地と今後の潮流」は，統合報告書やサステナビリティ報告書など，いわゆる任意のディスクロージャーツールの企画制作を支援してきた企業の視点から，日本企業のディスクロージャーの変遷を振り返りつつESG情報開示の現状と今後の課題について論じる。（執筆者：株式会社ブレーンセンター 住田一真，高見澤昇吾，出路誠）

第4章「ESGの定量的且つ相対的な把握の試み」では，ESGへの取り組み状況とそのパフォーマンスの可視化が重要となっているものの，定性評価ではESG評価の客観性を担保できないという問題認識から，企業がESG経営を推進した成果である定量情報に着目して企業の取り組み状況の可視化を試みる。（執筆者：丸山秀一）

第5章「再生プラスチックの利用拡大に向けての変革の必要性——マテリアルリサイクルの視点から」は，日本企業に繁栄をもたらした大量生産・大量消費型経営の遺物ともいえるプラスチック問題を取り上げ，プラスチックリサイクルをめぐる状況やリサイクル事業の置かれている課題を整理する。（執筆者：白鳥和彦）

第6章「サステナビリティ経営におけるコーポレートガバナンスの役割」は，サステナビリティとコーポレートガバナンスに関する先行研究を概観し，日本企業の気候変動対策を事例として，ESG経営を実践する企業の経営構造，特にガバナンスが果たしている役割を論じる。（執筆者：竹原正篤）

第7章「欧州企業のサステナビリティ・ガバナンス——ユニリーバの事例」は，中長期的な企業の成長を促すためにはサステナビリティの視点をビルトインしたコーポレートガバナンスが不可欠であるという認識の下，ユニリーバのコーポレートガバナンスの分析を通じてサステナビリティ経営に必要なコーポレートガバナンスとは何かについて論じる。（執筆者：小方信幸）

第8章「攻めのガバナンスに向けた取締役会改革」は，サステナビリティを巡る課題を矮小化し先送りする傾向が見られる日本企業の構造的要因を検討する。改訂コーポレートガバナンス・コードが経営変革の要と位置づける独立社外取締役の現状分析を通じて，取締役会の実効性向上の要素について検討す

る。（執筆者：長谷川直哉）

本書を通じてサステナビリティを巡る日本企業の課題について関心を持っていただければ，執筆者一同，望外の喜びとするところである。

最後に，編集にあたりご尽力いただいた文眞堂・前野弘太氏にお礼を申し上げるとともに，法政大学イノベーション・マネジメント研究センターより刊行助成を受けたことを記しておく。

執筆者を代表して

長谷川直哉

第 1 章

SX を因数分解する ～4Xs の実践～

1. SX 実践のための 4Xs の全体像

1.1 SX を因数分解する

サステナビリティ経営への転換の必然性

最近，SX（サステナビリティ・トランスフォーメーション）が企業や金融の世界で注目されている。SX とは，企業が「サステナビリティ経営」に転換するべく自ら変革することである。それでは，サステナビリティ経営とは何か。簡単に言えば，環境・社会・人々の持続可能性（社会価値＝ステークホルダー価値）を実現しつつ，企業の長期的な利益（経済価値≒株主価値）を確保できるように価値創造力（ability）を高める経営である。

このことは自社事業だけでなく，サプライヤーなど上流の供給側と，顧客など下流の需要側を含むバリューチェーン全体に及ぶ。これは，自社のプロセス（業務の進め方）とプロダクト（製品・サービス）が環境・社会・人々に与える正負の影響を常に認識すべきことを意味する。また同時に，経営の外部環境が構造的に大きく変容し（メガトレンド），これまでのビジネスの前提や常識（20 世紀的な常識）も急速に崩れつつある。

それゆえ，サステナビリティ課題が多様化する中で，顧客や投資家の志向やニーズ・要求が変わり，資金の流れや競合の範囲も変わり始めた。この文明史的な転換期にあって，企業はどのように適応し生き残るのか。当然，自社の経営基盤や態勢も変えることになる。新しい「戦略」を考えなければならない。つまり，サステナビリティ経営は，中期経営計画に代表される財務中心の短中期戦術の「おまけ」ではなく，より長期的な時間軸で経営と事業を転換させるような根幹にかかわる経営戦略となったのである。

メガトレンドで何が起きているのか，それに対して自社の強みや能力で本当に対応できるのか，解決すべき経営課題は何か。これらを真剣に考えぬき，自ら変革しなければならない。これがサステナビリティ経営への転換（すなわちSX）の要諦であり，そのためには経営体制やビジネスモデルにとどまらず取締役会の“ありよう”をも含む，全社的な変革でなければ意味がない。ここで，SX の定義を確認すると以下のようになる。

・SX：Sustainability Transformation
　長期にわたり，二つの価値創造力（社会価値と経済価値の創造能力）を同時に向上させること

4 つのトランスフォーメーションによる SX の因数分解

SX は多方面で議論されているが，その取り組みに際しては，SX を一つの“大きな塊”として捉えた議論が多いようである。本稿では，SX の実践のための 4 つのトランスフォーメーションの視座，すなわち「4Xs」（フォー・エクシーズ）を提唱したい。具体的には GX，DX，PX，CX の 4 つの X であり，それぞれの定義は以下の通りである。

・GX：Green Transformation
　気候中立で復元力のある資源効率の高い経営に向けた環境変革と人々への配慮
・DX：Digital Transformation
　デジタル技術を始めとする多分野の革新的技術を用いた事業変革
・PX：Business Portfolio Transformation
　メガトレンドを背景とするビジネスモデル転換と事業ポートフォリオ変革
・CX：Corporate Governance Transformation
　価値創造力の向上と担保のための経営構造と監督態勢の変革

象徴的には GX は環境タクソノミー，DX はデータ技術，PX は事業再定義，CX は価値創造力のマテリアリティと表現できるが，これら 4 つの X はそれぞ

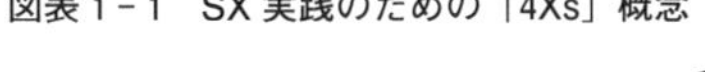

図表 1－1　SX 実践のための「4Xs」概念

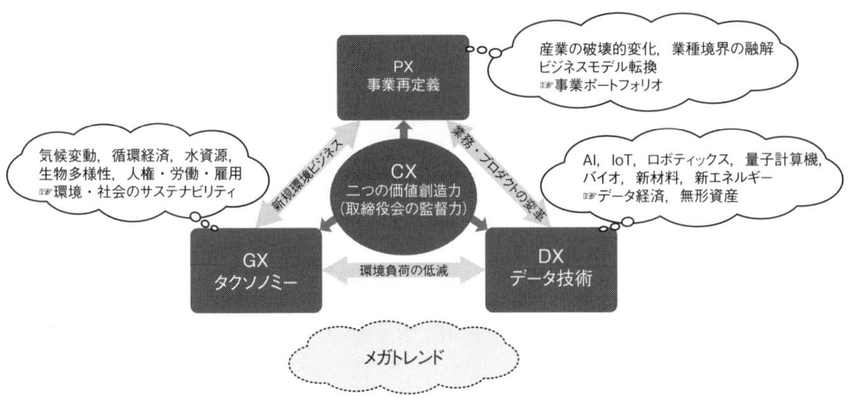

（出所）筆者作成

図表 1－2　4 つの X による「川村の SX 因数分解モデル」

SX＝4Xs
　＝GX・DX・PX・CX

（出所）筆者作成

れ独立している訳ではない。4Xs はメガトレンドを背景に，幅広いサステナビリティ課題と経営戦略課題に対して相互に関係しており，SX として一体的・包括的に推進するべきである（ホリスティク・アプローチ）。その中で核となるのが機関設計にかかわる CX であり，「取締役会の監督力」が問われる。この概念を模式的に表したものが図表 1－1 である。

さらに，上記の SX を概念的に 4Xs で数式的な因数分解の形にすると，図表 1－2 のように表現できる。つまり，掛算の形であり，いずれかの X がゼロならば SX もゼロとなり，SX は実現しないことになる。仮にこの数式を足算の形とするならば，4 つの X が独立して存在し，一体性や相互関係を表現できない。

1.2　4つのトランスフォーメーションの背景と考え方

SX 実践のための 4Xs，つまり 4 つのトランスフォーメーション（GX，DX，PX，CX）を予めイメージするために，それぞれの背景を簡単に整理する。また具体的な事例として 100 年に一度と言われる自動車産業における大変革，いわゆる「CASE 革命」を取り上げ，それぞれの論点を説明する。因みに，CASE は Connected（インターネットに繋がる），Autonomous（自動運転），Shared & Service（共有化・サービス化），Electrified（電動化）の頭文字である。

20 世紀における石油開発の飛躍的な進展を背景に，自動車産業は化石燃料を燃やす内燃機関（エンジン）を核にグローバルな垂直分業体制を作り上げた。しかし，気候変動問題の顕在化により，自動車の CO_2 排出規制が強化されたため（特に，主要国における 2030 年代のガソリン車の新車販売禁止），自動車各社は電気自動車（EV）を中心に「脱ガソリン車戦略」に転換せざるを得なくなった。

その転換を後押したのは，近年のデジタル技術の革新的な進歩に基づく巨大 IT 企業の台頭である。常時インターネットに繋がっている車は，自動運転技術が進化する中で，新しい様々なサービスを提供できるようになってきた。つまり，自動車は新しい概念である「モビリティ」という機能を提供し，ハードではなくソフトで制御される社会インフラとなりつつある。スマホ普及を背景とした MaaS（Mobility as a Service）は，その典型であろう（図表 1－3）。

GX：Green Transformation（環境・社会のサステナビリティ実現へ）

トヨタは 2015 年に「トヨタ環境チャレンジ 2050」を公表した。気候変動を筆頭に水不足，資源枯渇，生物多様性や生態系の損失など地球環境問題に対し，クルマのもつマイナス要因を限りなくゼロに近づけること，同時に社会にプラスをもたらすことを目指して，6 つのチャレンジに取り組んでいる（具体的には，ライフサイクル CO_2 ゼロ，新車 CO_2 ゼロ，工場 CO_2 ゼロ，水環境インパクト最小化，循環型社会・システム構築，人と自然が共生する未来づくり）。その実効性を高めるために，中間目標の「2030 マイルストーン」も策定し，進捗管理を行っている。豊田章男社長（2023 年 4 月 1 日退任予定）は

図表 1－3　業種を超えた多様なプレイヤーの“連携”による MaaS

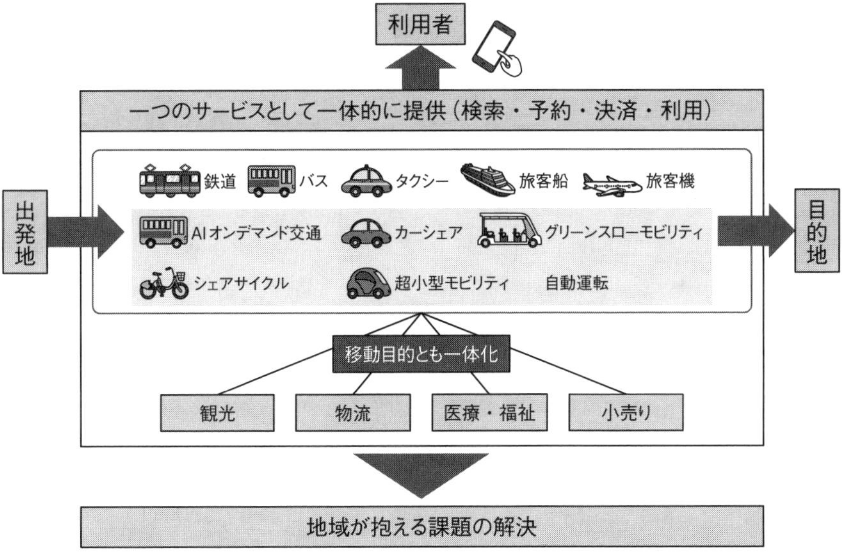

（出所）国土交通省「日本版 MaaS の推進に向けて」（2022 年）

「自社の存在が，環境に悪影響を与えないこと！」と明言している。

DX：Digital Transformation（データ経済の進展，無形資産の地位向上へ）

一口に「デジタル化」と言っても二種類ある。デジタイゼーション（digitization）とデジタライゼーション（digitalization）。前者はファックスを PDF に変えたり，顧客リストを紙ベースから電子データに変えるように，情報の保存・管理・送信の手段をアナログからデジタルに置き換えて，作業効率の向上やコスト削減を図ること。

後者は，ビデオレンタルを DVD の直接貸与からインターネット上の配信に変えるように，IT を用いてビジネスモデルや業務プロセスを見直し，新たな製品・サービスや顧客体験を生み出すこと。DX はこのデジタライゼーションの延長線上にあり，データ技術とデジタル技術を活用して，価値創造力と競争優位性の向上を図ることである。

図表1－4 「モビリティ」を取り入れるクルマの新しい概念

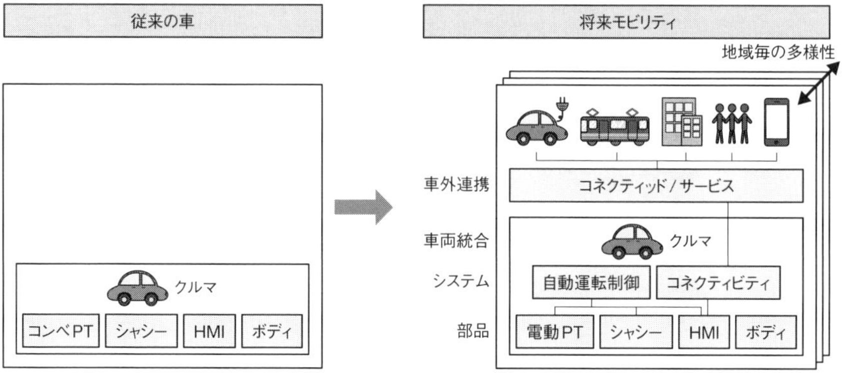

（出所）経済産業省「自動車新時代戦略会議（第1回）資料」（2018年）

CASE革命では「コネクティッド戦略」が基本であり，モビリティ概念を核としてクルマの所有と利用をAIやIoTで「リアルとデジタルをつなぐ」ことが必須である（図表1－4）。具体的サービスとしては，所有ではマーケティング，カーメンテナンス，カーライフサポートなど，利用ではカーシェア，ライドシェア，あるいはビッグデータ提供などが考えられる。これらの中には既に実用化しているものもある。

PX：Business Portfolio Transformation（事業ポートフォリオの再定義へ）

サステナビリティと「データエコノミー」（データを駆動原とする経済システム）はビジネスモデルを大きく変える，と言っても過言ではないだろう。環境・社会のサステナビリティなくして安定した経済社会の発展は望めないが，それを土台にデータエコノミーが浸透すれば，累積された諸情報から新しいビジネスや価値を生み出すことが可能となる。

今やデータは21世紀の「新しい石油」と言われるほど価値ある資源となった。デジタル化と相まって，データは様々な経路のIoTデバイスから集められる。GAFAのようなグローバルIT企業は，自社事業を通じて集めた膨大なデータを分析してマーケティングに活用したことは有名である。ただし，欧州のGDPR（EU一般データ保護規則）のように，世界的に情報規制強化が進ん

図表 1－5　クルマと都市インフラのデータ連携による新モビリティ・ビジネス

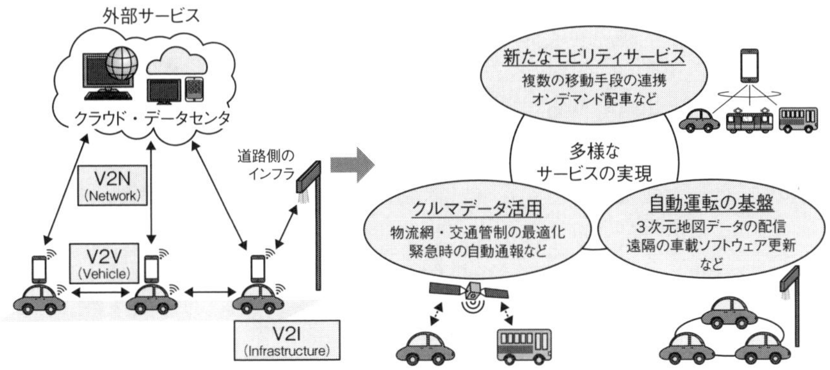

（出所）経済産業省「モビリティの構造変化と自動車政策の方向性に関する検討会（第一回）」（2020 年）

でいること，逆に監視社会のリスクがあることも忘れてはならない。

このような経営環境の激変の中で，自動車メーカーはモビリティ・カンパニーへの業態転換を急いでいる。トヨタはディーラーの名称を「トヨタモビリティ○○」（○○は地域名）に変更した。また世界的なクラウドプラットフォームである AWS（アマゾン・ウェブ・サービス社）との業種を超えた業務提携により，モビリティのビッグデータ利用基盤の強化を図る（図表 1－5）。事例には，ソフトバンクや NTT データとの「MaaS on AWS」がある。

CX：Corporate Governance Transformation（監督と執行の分離と価値創造）

コーポレートガバナンス（以下，ガバナンスと略す）と内部統制を混同する方がいる。その違いを端的に言えば，ガバナンスは株主が社長の判断を評定すること，内部統制は社長が従業員の不正を監視することである。それでは，ガバナンスとマネジメントの基本的な違いは何か。それは企業経営に関する「監督」と「執行」の違いである。

すなわち，ガバナンスは株主による経営者の意思決定に関する監督であり，株主総会や取締役会における株主と経営者（いわば船主と船長）の規律関係の仕組でもある。これに対し，マネジメントは取締役会で意思決定された方針・

戦略・計画の経営者による執行であり，その実施は経営会議の決定を経てコーポレート部門と各事業部門が担当する。

取締役会におけるガバナンスの目的は中長期的な価値創造力の向上と担保（毀損防止を含む）であり，二つに分けることができる。第一の目的は経済価値（株主価値）の向上であり，ビジネスモデルを介したキャッシュフローの生成能力の強化が必要である。第二の目的は社会価値（ステークホルダー価値）の向上であり，企業の希求するパーパス（存在目的・意義）や使命・ミッション，価値観が不可欠である。サステナビリティ課題は主にこちらに関係する。

価値創造は近年のキーワードだが，上記の二つの目的は旧IIRC（現IFRS財団/ISSB）の「国際統合報告フレームワーク」では，「組織に対して創造される価値」と「他者に対して創造される価値」と表現されている（図表1-6)。この二つの価値創造は，松田千恵子氏がその著書『コーポレートガバナンスの実践』（2018年）で提唱した「左脳的な企業価値」と「右脳的な企業価値」に相当すると考えられる。

日本企業のガバナンスには様々な指摘がある中で，執行側と監督側が重なる「マネジメント・ガバナンス」とも呼ばれるように，課題の一つは監督と執行の分離である。会社法では機関設計として監査役会設置会社，指名委員会等設置会社，監査等委員会設置会社の3形態が認められているが，サステナビリ

図表1-6　企業が創造すべき「二つの企業価値」

（出所）ISSB/VRF/旧IIRC「統合報告フレームワーク」を基に筆者作成

ティ課題についても取締役会において意思決定と監督の実効性をどう担保するかが問われている。

最近では指名・報酬・監査委員会とは別に，取締役会の中にサステナビリティを担当する委員会を設置する企業が散見される。丸井グループ（監査役会設置会社）は，独自のコーポレートガバナンス・ガイドラインに従い，取締役会の諮問機関として「戦略検討委員会」と「サステナビリティ委員会」を設置した。トヨタ（監査役会設置会社）には，業務執行に対する監督と取締役会への提案を担う「サステナビリティ会議」がある。

2. 4Xsの主要論点

2.1 GX：EUタクソノミーを範とする環境・社会の変革

EUの"本気度"をどう受け止めるか？

EU（欧州連合）では「何がグリーンな経済活動か」の仕分け基準（タクソノミー）が，長年の議論を経て法律として成立した。結論的に言えば，「グリーン・リスト」に記載された経済活動が投融資の対象（投融資適格）となる。EUタクソノミーでは環境6分野（後述）について，それぞれ適合基準を規定している。図表1-7は議論を呼んだ「気候変動の緩和」に関するもので，石炭関連産業は当初より除外されたが，判断が揺れた天然ガスと原子力は最終案では"タクソノミー適合"となった。2022年1月から適用開始されている。

そもそも，EUタクソノミーは手段

EUタクソノミーは，世界初の"気候中立大陸"をめざす「欧州グリーンディール」を達成するための手段といえる。2019年に公表された欧州グリーンディールは，自然資本と生物多様性を保護・保全・強化することを目的とする欧州の成長戦略であり，パリ協定とSDGsを背景とする金融変革と産業変革の戦略でもある（実は，国境炭素税（正確には国境炭素調整措置CBAM）も盛り込まれている）。その戦略の三原則は，以下の通りである。

図表1-7　EUタクソノミー適合の「グリーン・リスト」（気候変動の緩和）

1. 農林業			4.24	冷熱供給（バイオ燃料）	Tr
1.1	植林	Gr	4.25	冷熱供給（廃棄物熱）	Gr
1.2	森林の修復・再生	Gr	5. 上下水道・廃棄物		
1.3	森林マネジメント	Gr	5.1	上水道の新設・操業	Gr
1.4	森林の保全	Gr	5.2	上水道の改修	Gr
2. 環境保護・修復			5.3	下水道の新設・操業	Gr
2.1	湿地の回復	Gr	5.4	下水道の改修	Gr
3. 製造業			5.5	非有害廃棄物の収集	Gr
3.1	再エネ技術	En	5.6	下水汚泥のメタン発酵	Gr
3.2	水素製造装置	En	5.7	バイオガスのメタン発酵	Gr
3.3	輸送用の低炭素技術	En	5.8	生ごみのたい肥化	Gr
3.4	バッテリー	En	5.9	非有害廃棄物から材料回収	Gr
3.5	建物用の高効率機器	En	5.10	埋立ガスの分離回収・利用	En
3.6	その他の低炭素技術	En	5.11	CO_2の輸送	Gr
3.7	セメント	Tr	5.12	CO_2の地下貯留	Gr
3.8	アルミニウム	Tr	6. 輸送（化石燃料の輸送は除く）		
3.9	鉄鋼	Tr	6.1	都市間の鉄道旅客輸送	Tr
3.10	水素	Gr	6.2	鉄道貨物輸送	Tr
3.11	カーボンブラック	Tr	6.3	都市圏の道路旅客輸送	Gr
3.12	炭酸ソーダ	Tr	6.4	個人移動手段	Gr
3.13	塩素	Tr	6.5	バイク，乗用車，商用車輸送	Tr
3.14	有機化学品（6種類）	Tr	6.6	道路貨物輸送	Tr
3.15	無水アンモニア	Tr	6.7	内水旅客輸送	Tr
3.16	硝酸	Tr	6.8	内水貨物輸送	Tr
3.17	プラスチック（一次製品）	Tr	6.9	内水貨貨客輸送の改装	En
4. エネルギー			6.10	海上・沿岸貨物輸送	Tr
4.1	太陽光発電	Gr	6.11	海上・沿岸旅客輸送	Tr
4.2	大規模太陽光発電	Gr	6.12	海上・沿岸貨客輸送の改装	En
4.3	風力発電	Gr	6.13	個人移動のインフラ	En
4.4	海洋エネルギー発電	Gr	6.14	鉄道輸送のインフラ	En
4.5	水力発電	Gr	6.15	低炭素道路輸送のインフラ	En
4.6	地熱発電	Gr	6.16	水上輸送のインフラ	En
4.7	非化石ガス・油火力発電	Gr	6.17	低炭素空港のインフラ	En
4.8	バイオエネルギー発電	Tr	7. 建設，不動産		
4.9	送配電	En	7.1	近ゼロエネビルの新築	Gr
4.10	蓄電	En	7.2	既存ビルの改築	Tr
4.11	蓄熱	En	7.3	高効率機器の据付・メンテ	En
4.12	水素貯蔵	En	7.4	EV充電所のビル内据付	En
4.13	輸送用のバイオ燃料	Tr	7.5	省エネ調整機器の据付	En
4.14	低炭素ガスの輸送網	Gr	7.6	再エネ機器の据付・メンテ	En
4.15	直接冷熱配送	Gr	7.7	ビルの取得と改築	Tr
4.16	電気ヒートポンプの据付	Gr	8. 情報通信		
4.17	コジェネ（太陽光）	Gr	8.1	データセンター業務	Tr
4.18	コジェネ（地熱）	Gr	8.2	低炭素のデータ活用技術	En
4.19	コジェネ（非化石ガス・油）	Gr	9. 専門的科学技術サービス		
4.20	コジェネ（バイオ燃料）	Tr	9.1	近市場のRD&I	En
4.22	冷熱供給（地熱）	Gr	9.2	CO_2直接空中回収のRD&I	En
4.23	冷熱供給（非化石ガス・油）	Gr	9.3	ビルのエネルギー高効率化サービス	En

（注）Grは「グリーン活動」，Trは「トランジション活動」，Enは「イネーブリング活動」を示す（後述）。
（出所）欧州委員会「TR Draft Delegated Act ANNEX Ⅰ」（2020年12月採択，2021年6月確定）を基に筆者作成

・2050年までに正味ゼロGHG排出：1.5℃目標
・資源浪費と切り離した経済成長：サーキュラー・エコノミー
・脱炭素経済に向けた雇用の円滑な移行：公正な移行メカニズム（JTM）の創設

気候中立ないし脱炭素を実現するには莫大な資金が必要なことは言うまでもないが，それに向けた“新しい資金の流れ”を作るのがEUタクソノミーの基本的な狙いである。2020年の資金調達戦略では，2030年まで毎年約40兆円必要とされた。因みに，EUタクソノミーは正式には「サステナブル投資を促進する枠組の確立に関する規則」という2020年に成立したEUの法律である(その具体詳細は政令に相当する「委任法」で別途定められている)。その性格について改めて整理すると，以下のようになる。

【“新しい資金の流れ”を作るEUタクソノミー】
・2050年までに気候中立大陸（1.5℃目標）を実現する金融的手段
・投融資適格なサステナブル産業活動（業種）を仕分けする分類体系
・投融資家の資産運用と企業の設備投資を変革させる戦略
・一見良さそうな「グリーン・ウオッシュ」を排除する方策

EUタクソノミーの主要論点

▶EUタクソノミーの「環境目的」と適合要件

EUタクソノミーには6つの環境目的（①気候変動の緩和，②気候変動への適合，③水資源と海洋資源の持続可能な利用・保護，④サーキュラー・エコノミーへの転換，⑤環境汚染の防止，⑥生物多様性と生態系の保護・回復）がある。その適合要件として4項目が明示され，特に環境目的が相反しないこと(DNSH原則),「ミニマム・セーフガード」では人権・労働などの社会的側面が強調されていることには留意すべきである（図表1－8)。

▶低・脱炭素化に実質的に貢献する3種の環境活動

気候変動の緩和では，タクソノミー適合とされる経済活動は3種ある（図表1－9)。まず「グリーン活動」は既に低・脱炭素の状態にある活動で，気候中立に真に貢献すると評価される。「トランジッション活動」は現状では大量排出ないし炭素密度の高い産業が対象となり，ゼロ排出に向けた過渡的な段階に

図表1－8　EU タクソノミーの4つの適合要件

投融資対象となる「グリーン・タクソノミー」の4要件
◆6つの「環境目的」の一つ以上に実質的に貢献する活動であること
◆6つの「環境目的」のいずれにも著しい害を及ぼさないこと【DNSH 原則】
◆「ミニマム・セーフガード」（人権・労働など社会側面を含む）に準拠すること
◆「技術的スクリーニング基準」（原則，指標，閾値）に準拠すること

（出所）「EU タクソノミー」関連資料を基に筆者作成

図表1－9　EU タクソノミーにおける環境貢献活動3種（気候変動の緩和）

経済活動	自らの環境負荷低減活動（Own Performance）		イネーブリング活動（Enabling Activities）
	グリーン活動（※1）（Green Activities）	トランジッション活動（Transition Activities）	
特徴（要件）	●既に低・脱炭素の状態 ●気候中立経済に貢献 ●資本流入を積極的に促進	●現在，正味（ニア）ゼロ排出ではないが，2050年のゼロ排出に向けて移行途上	●自社プロダクトで，他者の環境パフォーマンス（低・脱炭素）向上に貢献
スクリーニング基準（閾値）	● CO_2 排出の閾値に対し，既に正味（ニア）ゼロ排出であり，長期安定的に貢献	●業界最高のパフォーマンス ●カーボン・ロックイン回避 ●初期閾値は EU-ETS（※2）に準拠し，段階的にゼロへ逓減 ●低炭素化の設備投資計画	●エネルギー・輸送・建物などに関連するタクソノミー準拠 ●カーボン・ロックイン回避 ●ライフサイクルで環境貢献
事例	●建物改修，高効率の生産工程 ●低炭素型生産システムの導入 ●脱炭素型自動車の製造	●高効率の製鉄・セメント製造 ●使い捨てプラスチックの削減 ●ガス燃焼による熱電併給	●脱炭素製品・システムの製造 ●再エネに不可欠な部品の製造 ● CO_2 の隔離・回収

（※1）「EU タクソノミー規則」での正式名称ではないが，TEG が2019年中間報告書で提唱した。
（※2）CO_2 排出量の多い業種を対象とする EU 域内の「GHG 排出量取引制度」である。
（注）「気候変動の適応」のタクソノミーには，このような細分類はない。
（出所）「EU タクソノミー」関連資料を基に筆者作成

あると位置づけられる。また「イネーブリング活動」は自社製品・サービスが他者の GHG 排出量削減に貢献できる活動である。

ここで注目すべきは中間領域的なトランジッション活動が採用されたことであり，当初懸念された“グリーンかブラウンか”という二項対立とはなっていない。ただし，自動車産業やエネルギー産業などのように，いくつかの必須条件とともに時間軸に沿って閾値（技術スクリーニング基準）が逓減する仕組みとなっており，企業の低・脱炭素に向けた設備投資計画が求められる。これは後述する「移行計画」にもかかわるものである。

▶大企業と金融機関に対する「タクソノミー適合率」の開示義務

大企業にはグリーン・リストに記載された経済活動の売上高に占める割合（図表1－8の4適合要件の適否判定）である「売上高タクソノミー適合率」の開示が義務づけられた（図表1－10）。それゆえ企業は単一指標により横並びで定量的に低・脱炭素の取り組みが比較されるため，ビジネスモデルや事業ポートフォリオの戦略的な再構築が必要となった。

他方，金融機関には上記の企業データに基づく加重平均の「投融資タクソノミー適合率」の開示が義務づけられた（図表1－10）。自らのゼロ・カーボン

図表1－10　グリーン・リストに対応する「タクソノミー適合率」の計算

〔**大企業の売上高タクソノミー適合率**〕⇨事業ポートフォリオ別に判定し合計

エネルギー●社の 売上高の構成割合	石炭火力 20%	ガス火力 50%	風力発電 30%
【タクソノミー適合要件】			
①グリーン・リストの該当セクター？	No	Yes	Yes
②技術スクリーニング基準をクリア？	↓	No	Yes
③DNSH基準をクリア？	↓	↓	Yes
④ミニマム・セーフガードをクリア？	↓	↓	Yes
●社の売上高タクソノミー適合率	0%	0%	30%
	全社で30%		

〔**金融機関の投融資タクソノミー適合率**〕⇨投融資ポートフォリオの加重平均

投資先企業	A社 経済活動の識別	B社 経済活動の識別	C社 経済活動の識別
各社の売上高タクソノミー適合率	12%	8%	15%
	×	×	×
本ファンドに占める各社の投資割合	重み30%	重み50%	重み20%
	＝	＝	＝
各社の本ファンドに占める適合率	3.6%	4.0%	3.0%
本ファンドのタクソノミー適合率	上記合計　10.6%		

（出所）EUタクソノミー（第6条と第8条）とTEG最終報告書（2020年3月）を基に筆者作成

をめざして，投融資先企業のGHG排出量を勘案した投融資ポートフォリオの戦略的な見直しが必要になった。これはポートフォリオ・カーボン分析とも呼ばれる。

日本におけるトランジション・ファイナンス論議と「移行計画」

EUタクソノミーに対して日本で最も反応したのは経済産業省と言えるかも知れない。同時期に「クライメート・イノベーション・ファイナンス戦略2020」を公表したからである。これはトランジション，グリーン，イノベーションへのファイナンス（略称：TGIF）の促進を目的とするが，特に脱炭素へ移行段階にある産業（現在は技術的・経済的に脱炭素が困難な多排出産業：電力，鉄鋼，セメント，石油化学など）への投融資「トランジション・ファイナンス」に力点があるようだ（図表1－11）。

このTGIFは革新的技術主導型であるが，アジア市場を念頭に最先端技術導入，政策・制度構築，ファイナンスをパッケージとする新しい輸出戦略でもあ

図表1－11　革新的技術に期待するトランジション・ファイナンス

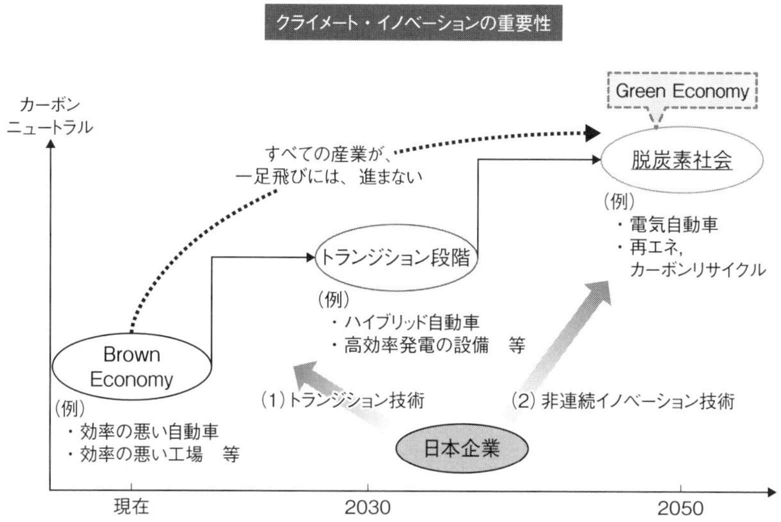

（出所）経済産業省「クライメート・イノベーション・ファイナンス戦略2020」2020年9月に筆者加筆

る。ただし，EUタクソノミーのような人権・労働・雇用や時間軸のある逓減閾値（技術的スクリーニング基準），あるいはカーボン・ロックイン（ブラウン産業の温存延命：炭素封印）回避の必須要件はない。

なお，TCFDが2021年に公表した「指標，目標，移行計画に関するガイダンス」で強調されたのは「移行計画（Transition Plans）」である。その定義は「低炭素経済への移行を支援する一連の目標や行動を示す，GHG排出量の削減などの行動を含む組織の全体的な事業戦略の一側面を指す計画」である。2050年までの正味ゼロ排出（カーボンニュートラル）を表明する企業は増えているが，より実践的かつ具体的な時間軸のある排出削減計画が求められている。

2.2　DX：SXとGXの成功を導くデータとデジタル技術

サステナビリティと密接に関係するDX

デジタル化，さらにそれを超えて大きく進むDXの波は，今や社会と企業のサステナビリティの領域にも押し寄せている。しかし，これまで多くの場合，DXとサステナビリティは別物として認識されていた。つまり，デジタル技術の導入により事業改革をもたらすDXには，サステナビリティの要素や効果は含まれないという考え方が主流だった。現在では世界的にみても，社会全体としてICTの普及ないしデジタル化が飛躍的に進んだことから，もはやDXを無視してサステナビリティは推進できなくなっている。

ここで改めてDXの定義を確認しておきたい。経産省が2018年に公表した「DXを推進するためのガイドライン」では，次のように定義されている。すなわち，企業がビジネス環境の激しい変化に対応し，データとデジタル技術を活用して，顧客や社会のニーズを基に，製品やサービス，ビジネスモデルを変革するとともに，業務そのものや組織，プロセス，企業文化・風土を変革し，競争上の優位性を確立すること。簡単に言えばDXとは，脱アナログのための単なるIT導入ではなく，データとデジタル技術の利活用範囲の拡大による事業変革・企業変革である。

ここで大事なことは，DXの推進においては，経済社会の構造的変化や社会的課題を念頭において，どの事業分野でどのような価値を生み出すのか，そのためにはどのように業務プロセスを変革し，どのようなビジネスモデルを構築していくのかの検討である。ただし，企業経営者が明確な長期ビジョンと経営戦略を持っていることが大前提である。

富士通が行った主要国の企業経営者（n=1,800）を対象とした「グローバル・サステナビリティ・トランスフォーメーション調査レポート2022：サステナビリティを加速するデジタルファーストアプローチ」（16-17頁）によれば，以下のように報告されている（筆者にて意味を変えずに簡略化した）。

・SXの成功とDXの成熟度は密接に関係する。
・様々なケースでデータとデジタル技術を活用し，サステナビリティ向上に取り組む。
・若い世代の間でサステナビリティに対する意識が高まっている。

Society 5.0とDX

上述したことを別の表現をすれば，「DXを通じて社会的課題の解決と経済発展を同時に実現する」となる。ここでヒントになるのが「Society 5.0」である。Society 5.0は，サイバー空間（仮想空間）とフィジカル空間（現実空間）を高度に融合させたシステムにより，経済発展と社会的課題の解決を両立する人間中心の社会を意味する。狩猟社会，農耕社会，工業社会，情報社会に続く，新たな五番目の社会であり，第五期科学技術基本計画（2016年公表）において，日本がめざすべき未来社会の姿として提唱された概念である。

今，日本を含め世界は文明史的な大転換期にある。寿命が延び高齢化が進む中で，都市人口が増え，人々の生活は便利になる反面，エネルギーや資源・食料の需要が増大している。他方，経済のグローバルな依存関係が進む中で，気候変動とともに地政学的なエネルギー・資源獲得の国際競争も激化し，富の偏在・格差や地域間の不平等が拡大している。

社会的課題はグローバル・ローカルで複雑化している。その中でCO_2排出量の削減，食料の増産やロスの削減，新産業への円滑な移行，高齢化に伴う社会コストの抑制，富の再配分や地域間の格差是正などが喫緊の課題である。しかし，現在の経済社会システムでは，経済発展と社会的課題の解決を両立（トレードオン）させることは容易ではない。

図表1－12　Society 5.0がめざす社会的課題の解決と経済発展

（出所）内閣府ホームページ（https://www8.cao.go.jp/cstp/society5_0/index.html）

このように世界が変貌する一方で，AI・IoT，ロボティクス，ビッグデータなどの経済社会のあり方に大きな影響を及ぼすデジタル技術には飛躍的な発展がみられる。Society 5.0では，これらの先端技術をあらゆる産業や生活に取り入れて，格差のない多様なニーズに応えられるような新しい社会の実現を目指している（図表1－12）。Society 5.0とDXは元々の趣旨は異なるものの，両者には通底する共通の理念があると考えられる。

GXとDXの関係

前項ではSXとDXの全般的な関係を述べたが，ここでは環境を中心とするGXとDXの関係について考えてみたい。環境問題の中でもすべての産業で脱炭素に向けた取り組みが求められる気候変動問題に焦点を当て，DXとの関係で先進事例としてセールスフォース（Salesforce）を取り上げる。同社（本社は米国）は，SFA/CRM（営業支援システム/顧客関係管理）を中心にクラウドコンピューティング・サービスの提供企業であり，ビジネスアプリケーションおよびクラウドプラットフォームをインターネット経由で提供する。

2021年9月，同社はそのバリューチェーン全体でGHG排出量の実質ゼロ化とともに，事業活動における再生可能エネルギー使用率 100％の達成を発表した。併せて「気候変動アクションプラン」を発表し，ネットゼロへの道のりを加速する青写真を開示した。サステナビリティの優先項目として，具体的には「1.5℃目標」の達成に向け，GHG 排出量削減，炭素除去，一兆本の森林保全・生態系の回復，教育，イノベーション，規制と政策という６つのサステナビリティの優先事項に焦点を当てた活動を開始している。

このアクションプランの策定に当たっては，以下の単純な３つの質問を自問したという。どの企業にも変革の基盤となる独自のコアコンピテンシー，製品やサービス，影響範囲があるはずで，それを基にあらゆるステークホルダーの利益を考えるべきとする。

① What：何を，なぜ行うか？（製品・サービス，使命）
② How：どのように行うか？（運用法，バリューチェーン）
③ Who：誰に関係するか？（従業員，顧客，社会）

さらに“Net Zero-as-a-Service”の位置づけで，顧客のカーボーンニュートラルを迅速に実現する商品「Salesforce Net Zero Cloud」を開発し販売を開始した。その目的は，志ある気候リーダーシップ・ソリューションの理念の下，バリューチェーンの気候関連データを一つのプラットフォームに集約することで，効率的なカーボンフットプリントの算出を可能にすることである。つまり，時間も労力もかかっていた計算を，効率的・効果的な「情報ダッシュボード」に集約し，全関係者が利用できるような仕組みである。

DX と倫理・人権問題：AI ガバナンスの視点から

DX の最後に「AI ガバナンス」に少し触れておきたい。DX の象徴とも言える AI の発展は著しいが，精度や利便性が飛躍的に上がり社会に有益であると単純には喜べないところがある。それは AI における倫理ないし人権の問題である。もちろん様々な論点や視点はあるが，人類のサステナビリティにとっても避けて通れない問題となってきた。

AI の成長に不可欠な機械学習から生じる倫理・人権の問題は大きく二つに分類される。一つは AI を扱う上で欠かせない「バイアスの問題」である。これは国家や企業が AI サービスを開発する際，開発者が恣意的なバイアスをかけると，その都合や目的に沿った結論が出てくる危険性が高まることである。

もう一つは「AIにおける倫理・責任問題」であり，車の自動運転や医療現場における「トロッコ問題」が代表的である。車の衝突が避けられない状況でAIの判断基準をどのように設計するのか，あるいは外科手術で命の選択をAIに要求する場合，どのような判断をさせるのかを予め決める必要がある。

世界中でAIの開発競争が激化する中，EUではIT企業を意識した個人情報保護のために，「一般データ保護規則（GDPR）」が制定された。米国ではAWSの顔認証システムでの性別誤認識，中国ではアルゴリズムの不透明が指摘される信用スコアなどの問題が発生している。日本でも2022月1年に経産省が「AI原則実践のためのガバナンス・ガイドラインVer.1.1」を公表した。民間企業でもNTTデータなどが自主的なAI指針を制定している。AIの倫理・人権問題は，DXにおける「自分ごと」として考える時がすぐそこまで迫っていることを銘記すべきである。

2.3　PX：成功した主力事業の呪縛からの脱却

業態転換は最大の事業ポートフォリオ変革

「業態転換」という言葉がある。一言でいえば，事業ポートフォリオの大変革である。マーケティング理論では製品・サービスや事業にはライフサイクルがあり，主力事業（本業）といえども導入⇨成長⇨成熟⇨衰退の段階をたどることは，早晩，どの企業にも起こりうる。

衰退の要因は様々だが，衰退の危機を乗り越えて新たな発展に転ずることができるかは，市場や外部環境の変化の中で経営者がそれを認識し，将来に向けて適切な時期に適切な手を打てるかどうかにかかっている。逆にメガトレンドを軽視した，過去の成功体験に基づく既存の事業ポートフォリオへの過度の依存は，企業存続にかかわる経営リスクとなる。

本業衰退の中で業態転換に成功した事例として，マーケットの変化との関係でよく取り上げられる企業が，富士フイルムやブラザー工業，日清紡である（逆に失敗事例としては，それぞれ祖業を同じくするコダック，シルバー精工，カネボウであろう）。もちろん各社のCEOや取締役会のリーダーシップと決断があったことは言うまでもないが，本業衰退の要因（業態転換の契機）は以下のように整理できる。

▶技術革新による代替品の登場に伴う商品市場の消滅

・富士フイルム（写真フィルムからメディカル・ヘルスケアへ転換）：
衰退要因は，デジカメによる写真フィルムの駆逐，さらにスマホカメラの登場で加速

・ブラザー工業（ミシン・編機とタイプライターからプリンティングへ転換）：
衰退要因は，ワープロ専用機によるタイプライターの駆逐，さらにスマホの登場で加速

▶顧客のニーズ・嗜好や消費者のライフスタイルの変化

・ブラザー工業（同上）：
衰退要因は，ミシン・編機による自宅自作から既製品アパレルを店舗・通販で購入

・日清紡（綿紡績からブレーキ摩擦材，無線マイクロディバイスへの多角化転換）：
衰退要因は，アジアの後発工業国との競争に伴う繊維・アパレル産業の空洞

図表1－13　市場成熟度に対応する事業ポートフォリオ変革

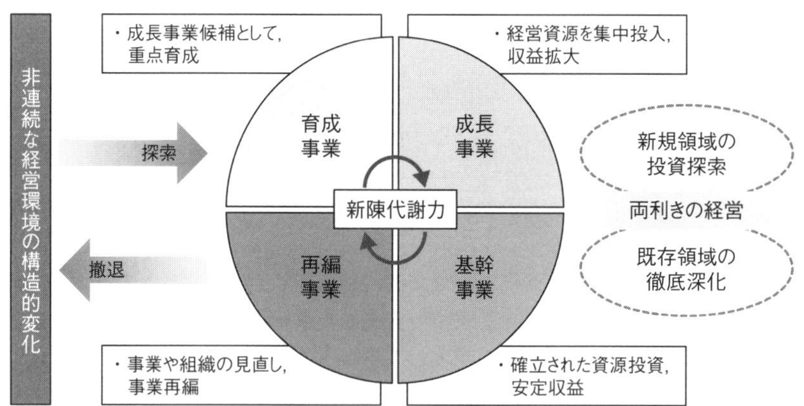

（出所）筆者作成

化

これらの企業に共通する成功要因としては，二つが考えられる。一つは，新たな収益源を模索する中で選定した事業分野の適切さであり，本業で培った基礎技術やノウハウを活かせる分野に経営資源を集中したことである。もう一つは，次の時代を担う新事業への着手時期の適切さであり，本業が成熟から衰退に転じる段階でキャッシュフローが潤沢なうちに集中投資したことである。これは「両利き経営」の発想であろう。

このような市場成熟度に応じた事業ポートフォリオ変革の経路を模式的に示したのが図表1－13である。育成事業⇨成長事業⇨基幹事業⇨再編事業という事業の探索から撤退に至る流れを示すが，業態転換に至る事業の新陳代謝でもある。その変容圧力は市場における商品ライフサイクルだけではなく，近年の非連続な経営環境の構造的変化，すなわち気候変動を始めとするサステナビリティ課題を含むメガトレンドからの圧力も大きくなっている。

業態転換と「PX方程式」

上述した業態転換に至る経路を参考に，サステナビリティの視点を入れてPX推進方策を一般化すると，図表1－14に示す「PX方程式」のように表現できる。つまり，PXモデルは「サステナビリティ課題」，「自社の根源的強み」，「イノベーション」の三項掛算の積である。

ここで大事なことは，まずサステナビリティ課題から考え始めることである。PXに必要な基本視座は，自社の視点（特に成功した主力製品・サービス）から社会を観るのではなく，社会の視点（環境・社会・人々のかかえる課

図表1－14　PX推進のための「PX方程式」

PXモデル＝①サステナビリティ課題×②自社の根源的強み×③イノベーション
ここで，
PXモデル：成長市場か，独自技術はあるか，競争力はあるかで判断し，新規事業の創設
①既存事業・製品を前提とせず，サステナビリテイにかかわる社会的課題を抽出する
②長年培われてきた自社の強みを根源から洗い直し，再定義する
③イノベーション（革新的技術）の観点から，新しい事業分野を絞り込む

（出所）筆者作成

題）から自社を観ることである。このような社会基点ないし「アウトサイド・イン」の発想がないと，自ら視野を狭くしてしまう。

PX 方程式の典型的な実践事例として，富士フイルムの業態転換をみてみよう。本業の写真フィルム事業が 2000 年代初頭に急激に衰退する中で，まず社会的課題（特に人々の健康）に着目し，自社の根源的な強み（フィルム事業で培った光学・デジタル・ナノ技術）を再定義して，どうすれば解決できるかを自問した。そのうえでイノベーションの進展を取り入れて，メディカル・ヘルスケアという新規事業分野（環境・健康・生活・働き方の 4 分野）に絞り込んだ。その後，M&A も活用して業態転換を深化させている。

このような PX アプローチは日立製作所にも当てはまる。2008 年度に日本の製造業として過去最大の赤字に陥ったことを契機に，電機・電子製造業から「社会イノベーション事業」への業態転換を図った。IoT 基盤からソリューション・プラットフォームに進化する「Lumada」を中核とする DX の推進者でもある。グループ再編とともに同社を V 字回復に導いた川村隆元社長は，「工場の発想を捨てよ！」との名言を残した。

スマイルカーブとビジネスモデル変革

ビジネスモデル変革の一つの見方として，スマイルカーブ現象がある。スマイルカーブは電子・IT 産業などの付加価値構造を表す曲線のことで，バリューチェーンにおける付加価値の高低を示すグラフである。バリューチェーンの中流に位置する加工・組立の付加価値が最も低く，上流のコンセプト・ブランドや開発・設計と，下流のマーケテングやアフターフォローの付加価値が高い，両端が放物線状に広がるカーブである（図表 1－15）。

中流の加工・組立では部品のモジュール化や標準化が進むと，組立自体に高度な技術は要らない。その結果，アジアなどの低賃金地域で生産できるようになるが，コスト競争になりやすく収益性は低下する。他方，上流のコンセプトや開発・設計と下流のマーケティングやアフターフォローなどにおいては，顧客の要望が多様化する中で付加価値を高めることができる。IT を駆使するアップルは製造機能を持たないファブレスモデルによりデザインと販売に特化し，アマゾンは圧倒的な流通チャネルを構築することで収益性を高めている。

図表1-15　スマイルカーブ現象によるビジネスモデル変革

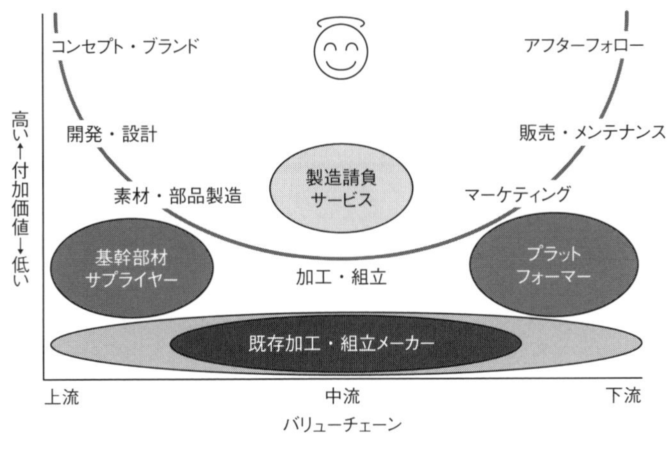

（出所）筆者作成

ただし，台湾の鴻海やTSMCなどのEMS（電子機器の受託生産）のように，上述したスマイルカーブの示唆とは逆に，付加価値が低いはずの電子部品や半導体の製造・組立に巨大投資をするという事業戦略もある。いずれにせよ，これまで日本企業の成長を牽引し，“常識”であった最終セットメーカーが頂点に立つ垂直統合型のビジネスモデルの競争力は揺らいでいる。特に自動車産業ではこの構造問題を抱えている。

サステナビリティからみたビジネスモデル変革

世界の自動車産業は「ビッグ3からスモール100へ」と言われる。米国のビッグ3は20世紀の政治・経済・産業を牽引したが，その主力商品である化石燃料を燃やして走るエンジン車は，日米欧やインド・中国など主要国では2030年以降に新車販売が禁止される。今やアップルカーやソニーカーに象徴されるように，異業種から電気自動車（EV）へ参入する企業が増加している。中国のバッテリーメーカーであるBYDはEV専業（中国一のEVメーカーであり，テスラに次いで販売台数世界二位）となった。

なぜか。EVは単体としてはCO_2を出さず，エンジン車に比べて部品数が少ないうえに，その主要部品はモーター，バッテリー，コントローラーであり，内燃機関であるエンジンに求められる高度な技術は必要ないからである。もはや自動車は“電気製品”になろうとしている。CASE革命もあって水平統合型のビジネスモデルが台頭し，次の自動車産業を誰が主導するのか混沌としている。その意味で自動車メーカーはIT企業と競争しているとも言われ，最悪の場合，大きな一次サプライヤーとなってしまう。

同様のビジネスモデルの大転換は，プロダクトに限らずプロセスにも波及している。化石燃料から再生可能エネルギーにシフトする電力会社がその典型であるが，CO_2多排出産業である鉄鋼業でも起きている（産業の4割，全体の1割のCO_2排出）。これまで高炉で鉄鉱石に還元剤のコークス（石炭）を加えることで鉄を作ってきたが，最近では鉄スクラップを溶融する電炉への転換が進んでいる（CO_2排出量は1/4）。さらにコークスの代わりに水素を使う，CO_2の出ない画期的な直接還元鉄の実証プラントが世界中で稼働している。

航空産業も同様で，ジェット燃料は化石燃料由来のため世界のCO_2排出量の2～3%を占める。その削減方策としてSAF（持続可能な航空燃料）の実用化が始まっている。原料は主に植物や廃食油であり，化石燃料に比べて8割の削減効果がある。化石燃料と混合できるため，既存の航空機や給油設備をそのまま使用できる利点があるが，その安定供給と低コスト化が課題である。(株)ユーグレナは，藻の一種であるミドリムシを主原料にした食品や化粧品に続いて，多様な主体と組んでバイオジェット燃料の実用化を急いでいる。

言うまでもないが，キャッシュフローを生む仕組みであるビジネスモデルの集合体が事業ポートフォリオである。価値を生まなくなったビジネスモデルは減損会計の対象となり，やがて撤退となる。同時に，GXとDXとも連携した既存の枠組みにとらわれない新規ビジネスモデルの探索と導入・育成が不可欠であり，これらの総合計がPXに他ならない。そして，これを監督し意思決定するのがコーポレートガバナンスの役割である。

2.4　CX：もはやサステナビリティはガバナンス・マター

コーポレートガバナンス・コードとサステナビリティ課題

三訂コーポレートガバナンス・コード（2021）における改訂ポイントの一つは,「サステナビリティに関する原則」の強化である。その論点は三つ。①サステナビリティを巡る課題への対応（第2章：株主以外のステークホルダーとの適切な協働）, ②自社のサステナビリティについての取り組みの開示（第3章：適切な情報開示と透明性の確保）, ③サステナビリティを巡る取り組みについての基本的な方針の策定（第4章：取締役会等の責務）。

特にサステナビリティ課題に関する【補充原則2-3①】では, 二訂コードから大きく改訂された（下枠では同補充原則を適宜分割し, 下線部は改訂箇所）。狙いは, 取締役会におけるサステナビリティ課題の意識付け, リスクマネジメントとともに収益機会の明確な認識, 企業価値の向上の観点から「検討を深めるべき」経営課題としての位置づけ。

> 取締役会は,
> ・気候変動などの地球環境問題への配慮, 人権の尊重, 従業員の健康・労働環境への配慮や公正・適切な処遇, 取引先との公正・適正な取引, 自然災害等への危機管理などサステナビリティを巡る課題への対応は,
> ・リスクの減少のみならず収益機会にもつながる重要な経営課題であると認識し,
> ・中長期的な企業価値の向上の観点から,
> ・これらの課題に積極的・能動的に取り組むよう検討を深めるべきである。

さらに取締役会の役割・責務に関する【補充原則4-2②】（新設）では, 取締役会のサステナビリティ課題への取り組みを踏まえて, 事業ポートフォリオに関する監督が明記された。すなわち「また, 人的資本・知的財産への投資等の重要性に鑑み, これらをはじめとする経営資源の配分や事業ポートフォリオに関する戦略の実行が, 企業の持続的な成長に資するよう, 実効的に監督を行うべきである。」

取締役会の価値創造に関する実効性については, その構造と中身が問われ

る。日本企業では取締役会の外形構造の議論が先行し，最近では「実効性評価」も進みつつあるが，今後は戦略的な観点からサステナビリティ課題にどう取り組むかという中身が焦点となる。

・取締役会の構造：どのような仕組みで，誰が，何をするのか？

・取締役会の中身：何のために，どのような議題を，どのように決めるのか？

UNEP FIのサステナビリティ課題の「統合ガバナンス」

当時日本では話題にならなかったが，2014年にUNEP FI（国連環境計画・金融イニシアティブ）は，サステナビリティ課題をガバナンスに組み込む体制構築（統合ガバナンス）を提唱している。具体的には取締役会に「サステナビリティ・ガバナンス委員会」を設置し，サステナビリティ戦略に特化して審議・決定する必要性を訴えている。

この提唱では統合ガバナンスに向けた3つの段階を提示している（図表1-16）。第1段階ではサステナビリティ課題が取締役会の戦略の外にある（つまり，スタート）。第2段階ではサステナビリティ・ガバナンス委員会が取締役会に設置され，サステナビリティ課題へ議論が進む。第3段階になると統合ガ

図表1-16　サステナビリティ課題の「統合ガバナンス」（UNEP FI提唱）

第1段階	第2段階	第3段階
取締役会の議題の外にあるサステナビリティ	サステナビリティのためのガバナンス	統合ガバナンス
・サステナビリティ問題が取締役会の議題の一つとなっていない。 ・独立したプロジェクトとして何らかのサステナビリティに関するイニシアティブが行われる場合がある。	・サステナビリティ問題が取締役会の議題である。 ・ガバナンスの主体がサステナブルなイニシアティブの戦略を考えるための委員会を設置する，または，最高サステナビリティ責任者にそれを託す。 ・サステナビリティ・インセンティブに対するパフォーマンスを測る指標がある。	・取締役会がサステナビリティ戦略を監督する。 ・サステナビリティに関わるリスクと機会が常に企業にとっての戦略的な議題である。 ・取締役会のサステナビリティ委員会が十分に機能する。 ・財務および非財務目標の達成度を測るために統合報告書を活用している。

（出所）UNEP FI「Integrated Governance-A new model of governance for sustainability」（https://www.unepfi.org/fileadmin/documents/UNEPFI_IntegratedGovernance_summary_jp.pdf）

バナンスが定着し，サステナビリティ課題が全社的経営戦略と融合・一体化されている。読者の方々の企業は，どの段階にあるだろうか。

関連でいえば，2021年にICGN（国際コーポレート・ガバナンス・ネットワーク）は，「グローバル・ガバナンス原則」を改訂し，以下の14項目に力点を置いて10原則を設定した。つまり，パーパスとサステナビリティ・ガバナンスを基本として，ダイバーシティ・エクイティ・インクルージョン（DE&I），ステークホルダーとの関係，システミック・リスク，マテリアリティ，気候変動，資本配分，人権，従業員の安全，サステナビリティ報告，サステナビリティ基準，役員報酬，株主総会である。

監督側に設置する「サステナビリティ・ガバナンス委員会」

サステナビリティ課題への取り組みは，環境マネジメントシステム（ISO14001）の普及を背景に，これまでは経営者（執行側）の責務と考えられてきた。それゆえ，多くの企業で経営会議（執行側）の傘下に「サステナビリティ推進委員会」が設置されている。しかし，監督と執行の分離（の要求）が進むにつれて，取締役会（監督側）にも重要な役割があると考えられるようになってきた。それを担うのが取締役会に設置する「サステナビリティ・ガバナンス委員会」である。

UNEP FIの提唱に従えば，監督側と執行側の両方にサステナビリティ委員会があることになり，「サステナビリティ委員会が二つも要るのか」と疑問に思われるかも知れない。しかし，名称は似ているが，両者の役割は全く異なるものである。

・執行側（経営会議）に設置する「サステナビリティ推進委員会」:
　自社ビジネスのステークホルダーに対するインパクトを認識し，その解決に向けた対話と実践により，持続的なステークホルダー価値をめざす。
・監督側（取締役会）に設置する「サステナビリティ・ガバナンス委員会」:
　執行側のサステナビリティ取り組みに対して，ステークホルダーを代弁する独立社外取締役を含む取締役会が，中長期視点から成果と課題をモニタリングし監督する。

監督側の取締役会にサステナビリティ委員会を設置した日本企業の先進事例

図表1－17　監督側にある「サステナビリティ諮問会議」の事例（日本企業）

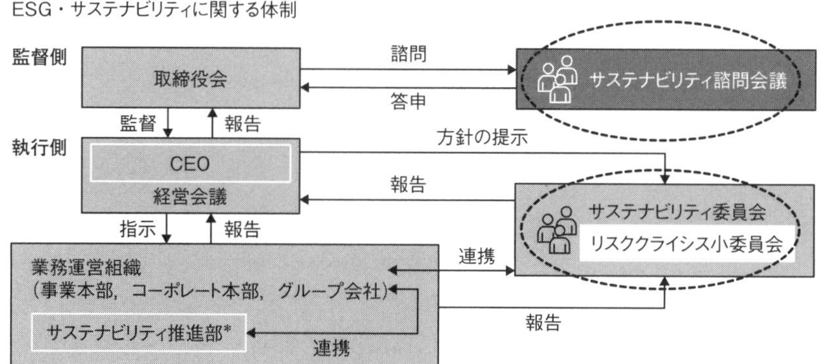

*サステナビリティ委員会と協働して方針・戦略の策定，事業計画へのサステナビリティ視点の提言，施策のフォローを行う。

（出所）味の素「統合報告書2021」p21より抜粋

として，味の素（2021年に指名委員会等設置会社へ移行）のケースを紹介する（図表1－17）。機関設計の移行に先行して，取締役会の下部機構として「サステナビリティ諮問会議」を設置した。構成委員は12名（内9名社外取締役）で，議長は学者（CSR専門家），委員は様々なステークホルダーを代表する社外有識者に加え，同社の社外取締役と代表執行役社長である。中長期視点からの答申事項は，以下の通り明確である。

①中期経営計画の戦略のための2050年までの長期視点に立ったマテリアリティ

②マルチステークホルダー視点に立った環境変化（リスク・機会）への対応方針

③2030年以降に企業に期待される事項や社会ルールづくりへの適切な関与

④環境負荷低減，健康寿命延伸などの社会価値創出に関する2030年以降の目標

これに対して，欧米企業では取締役会に指名・報酬・監査委員会を設置することは当たり前で，むしろそれ以外に様々な委員会が設置されている。それらの多くは取締役会の諮問機関ではなく，権限移譲された独立委員会である。例

えば，アルセロールミタルではサステナビリティ委員会，ロシュではコーポレートガバナンス・サステナビリティ委員会，ユニリーバでは企業責任委員会，P&Gではガバナンス・公共責任委員会，マイクロソフトでは方針委員会がある。因みにTCFD開示で評価の高い台湾のTSMCでは，取締役会直轄のESG運営委員会とリスクマネジメント運営委員会が設置されている。

3. 4Xsによる価値創造力の醸成

これまで述べてきたことから，SXとは何かについて，以下のように言えそうである。すなわち，SXとは4Xsの実践を通じた，ビジネスモデルと事業ポートフォリオの変革によりサステナビリティ課題を解決しつつ，中長期視点から戦略的に企業経営の新陳代謝を高める価値創造力の強化である。

最後に，旧IIRCの統合思考（価値創造を報告する統合報告の基礎）と4Xsとの整合性を確認しておきたい。旧IIRCは2020年に国際統合報告フレームワークを改訂したが，その根幹を成す「指導原則」と「内容要素」には変更が

図表1－18　統合報告の内容要素と4Xsの整合的な関係

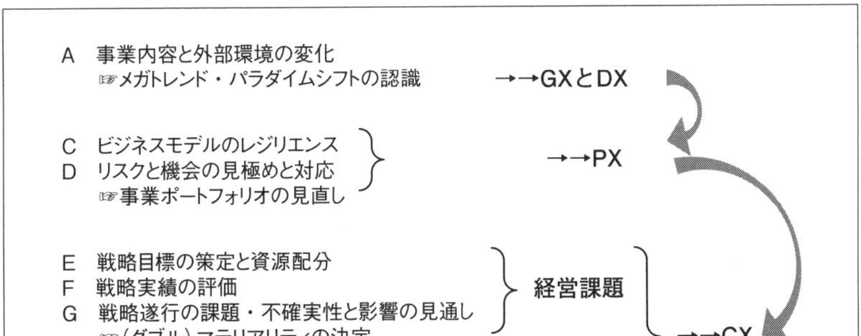

A　事業内容と外部環境の変化
☞メガトレンド・パラダイムシフトの認識　→→GXとDX

C　ビジネスモデルのレジリエンス
D　リスクと機会の見極めと対応
☞事業ポートフォリオの見直し　→→PX

E　戦略目標の策定と資源配分
F　戦略実績の評価
G　戦略遂行の課題・不確実性と影響の見通し
☞(ダブル) マテリアリティの決定　}経営課題

B　価値想像に向けたガバナンス構造
H　報告プロセスと意思決定　}意思決定構造

経営課題・意思決定構造　→→CX

（出所）筆者作成（図表1－1参照）

なかった。統合思考の指導原則は，A戦略的焦点と将来志向，B情報の結合性，Cステークホルダー関係，Eマテリアリティである。内容要素と4Xs（GX，DX，PX，CX）の関係を示したものが図表1－18である。

（川村雅彦）

第2章

企業評価手法の変遷からみるサステナビリティ変革の方向性

1. はじめに

近年の資本社会における経済構造は企業活動がその中核を担っているといえる。投資対象としての株式は如何に客観的な企業価値を高めるかに焦点があてられ企業もまたその期待に応えるべく戦略的に事業活動を推進してきている。従来は長期に渡り規模や収益あるいは安定性などのいわゆる財務的視点での分析が価値創出の源泉とされてきたが，昨今のCSRを契機として地球温暖化に伴うESGやSDGsといった新たな視点の企業活動への組み込みが求められるようになってきた。一方で，その視点はとても広範囲にわたっており経営者のみならず投資家サイドもその体系や評価の手法について確立されたものが未成熟であることもあり依然試行錯誤が続いている段階といえる。

本章においては，このような時代の変遷において研究者あるいは実務者として具体的にどのような情報や手法を活用してきたのかを振り返りつつ，今後のサステナブル社会の動向も踏まえつつ新たな視点や仕組みの構想に向けての方向性を示していきたいと考えている。第2節では企業評価を取り巻く時代背景の整理をした上で，第3節では筆者がこれまで関わってきた様々な評価や可視化の試みを整理しその変遷を振り返ることで今後の活用に繋がりそうなポイントを明らかにしたい。また，第4節では今後のサステナビリティ変革時代に向けての方向性について考慮すべきと思われる事項について検討を試みた。しかしながら将来的にサステナビリティを維持するにあたっては，不確実かつ流動的な時代変化に対して各ステークホルダーそれぞれが常に最適解を見出していくことが求められ，その実現に向けて進化し続けるためのチャレンジを果てしなく続けていく必要があるといえそうだ。

2. 企業価値評価を取り巻く時代背景

2.1 これまでの流れ

企業価値評価の変遷において振り返ると企業活動を測る尺度として長く財務会計の情報を基本とした分析が続いてきたといえる。企業価値への投資判断基準として業績を予測する経営戦略分析，会計品質を評価する会計分析，業績を測る財務分析，事業を評価する将来性分析などが用いられてきた。主たるステークホルダーは経営者，バンカー，監査人，投資家，アナリスト，コンサルタントなどそれぞれの視点で適切な分析手法を駆使しながら最適解を探ってきている。ここでの主たる情報源は企業が開示する一定の基準に基づく会計情報やニュースが拠り所である。企業を横並びで比較するとすれば売上や利益の成長率や研究開発投資などによる成長性分析，ROA や ROI などによる収益性分析，PER/PBR や RIM/株価推移，開示情報に基づく将来性分析，流動・固定比率や格付けなどによる安全性分析，資産効率，資産や債権の回転日数などでの効率性分析などの評価軸を設定し網羅性や継続性を持って評価することになる。

これまで業績重視の歪みとして 2001 年のエンロン事件などにみられる粉飾決算を契機に SOX 法が制定されるなど企業のガバナンスに関する視点が組み込まれることとなった。また，金融工学を駆使したファイナンスによる株式市場の価値は 2008 年のサブプライムローン問題によるリーマンショックにより大きく毀損することとなった。その後 2009 年には国際会計基準である IFRS[1] が導入され始め経営スタイルも変化し，日本においてももの言う株主が現れ株主総会も開示と対話が求められる場に変化してきたといえる。

伊藤レポート[2] では ROE 経営が提唱され，持続成長への経営改革，インベストメントチェーンの全体最適，投資家との対話による企業価値向上などが論点としてあげられた。一方で財務以外の視点として環境会計のガイドラインが発効されて以来大手企業を中心として環境報告書やCSR報告書が作成されるようになった。ガイドはあるものの任意報告事項でもあり企業毎の解釈で開示がなされており，横並びでの比較が困難な状況は現在と比べても大きく違わない。ただ，2010年のCSRの国際規格であるISO26000[3]の発行は非財務領域において7つの中核主題での枠組みを示したことは現在のサステナビリティ経営の原型になっているといえる。その後はGRIやIIRCなど統合報告に向けてのガイドラインも進化しつつSDGsやESGという用語も一般化され注目されるようになっている。企業においてもTCFD[4]/TNFD[5]への対応が急がされており，非財務領域におけるフレームワークの整備や各種サービスが急速に展開され始めている。

2.2　企業における投資判断の難しさ

現代社会においては企業に求められる役割は経済的意義のみならずとても幅広い領域における期待があるといえる。また，その舵取りを任される経営者の意思決定は重要であり，その企業の価値を評価するマーケットの反応も同様に適切な判断が求められる。対象領域が広がることはつまり関係するステークホルダーの増加にもつながる。これらの関係者がいかに適切な判断ができるかが要であり，必要となる情報や見せ方の工夫がより一層期待されているといえる。その範囲は企業活動においては非財務領域と位置づけられ，これまでほとんど触れられなかったような領域までもが一般化しはじめてきたといえる。

企業におけるリスクへの対応はこれまでは健在化した後に検討される状況が長かったが，ここにきて企業が直面しうるリスクがある程度体系的に整理されてきたことで事前の対策に対しての投資判断も適切なタイミングでできるようになりつつあるように見受けられる。これまでの企業向けコンサルティングの現場においては，将来の不確実なリスクへの投資に対しては常に否定的であり説得に多くの時間を費やしてきたといえる。例えば，企業の調達領域における支援では直接利益に貢献するボリュームディスカウントや相見積もりという施策には前向きに取り組むものの，サプライチェーンリスクのような取り組みについて賛同を得られることは少なかった。国内では人権問題には無関心な時代も長かったが現在ではサプライチェーン評価の重要性は認知されはじめているようだ。サイバーリスクの領域についても同様で，重大な事件や事故に直面しない限りにおいては全く無関心であった期間が長かったが，現在では海外での法整備やサイバー攻撃が実際に健在化されてくることで急遽対策プロジェクトを立ち上げ，社内の規程やガバナンスの整備，製品への対策の組み込み，監視や訓練など様々な取り組みが急がされる状況となっている。さらに，気候変動問題やガバナンスコードでは反応が鈍かった企業もSDGsなどの社会的注目度の高まりとともにTCFD対応などの取り組みが急速に進展しはじめている。

リスク対策コストと顕在化後のリスク対応コストの最適化をどのように判断できるかが経営者にしても投資家にしても重要なポイントと言えそうだ。つまり如何に広範囲にリスクを想定し評価し適切に対策しているかがESG的にも賢い企業の評価ポイントであると考えられる。また，昨今の多くの関連ガイドラインではリスクと機会が同時に語られ企業価値創造に向けたポジティブなメッセージが発信されている。

リスク対策は保険のようなものでどこまでコスト負担ができるかはある程度企業規模や体力に依存しているといえる。そのような中で多くの制約を抱える中小規模の企業であっても，先見性や自社の特性や将来へのシナリオを想定することでどのような施策のオプションが最も有効かを検討することは可能であるし，実際にそのような企業は結果的に高い評価を得てその価値を高めているのではないだろうか。但し，AI技術や予測精度が向上したとはいえ将来の不確実性までを凌駕していくことは非常に難易度が高く暫くは継続的なチャレンジになることには違いないであろう。

3. これまでの企業評価手法の変遷

企業の評価手法についてはこれまでいろいろな試みがされ実務でも活用されているものも多いしその内容については既に一般的に知られるところであり敢えて説明の必要もないと思われる。但し，ESGなどの非財務領域についての分析はフレームワークもさることながら，活用できるデータが極めて限定的であったといえる。近年は企業の開示情報に加えて各調査に基づく公開情報やSNSなどでの幅広い情報ソースも得られるようになってきたこともあり，本章では筆者がこれまで関わってきた様々な評価や可視化に向けての試みを整理しその変遷を振り返ることで今後の活用に繋がりそうなポイントを明らかにしたいと考えている。

3.1　環境経営戦略の位置づけ

企業がサステナビリティを考えるにあたり自社の方針や戦略の位置づけを明らかにしておく必要があるであろう。図表2－1に示す通り企業の活動やその取り巻く様々な影響は世の中の動向に基づいており多くのステークホルダーからの期待を担っている。これらの事業環境や企業に要請にこたえるべく広範囲の視点での先進的な戦略策定が求められる。また，それらの活動が期待通りに機能しているのかは常に把握しコントロールしていくための仕組みづくりが重要になる。図表2－2に示すように経営者をはじめ多くのステークホルダーは

図表2－1　サステナビリティ戦略の位置づけ

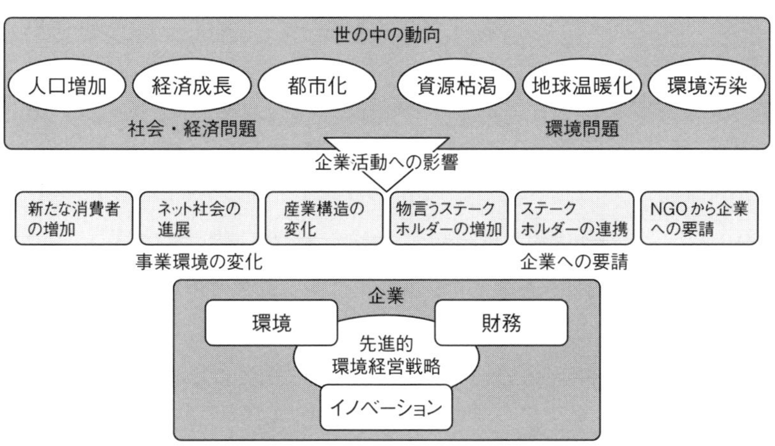

（出所）伊藤由宣（2013）「企業における環境経営戦略の動向分析に関する研究」早稲田大学大学院環境・エネルギー研究研究科学位請求論文

図表２－２　目指すべき経営構造

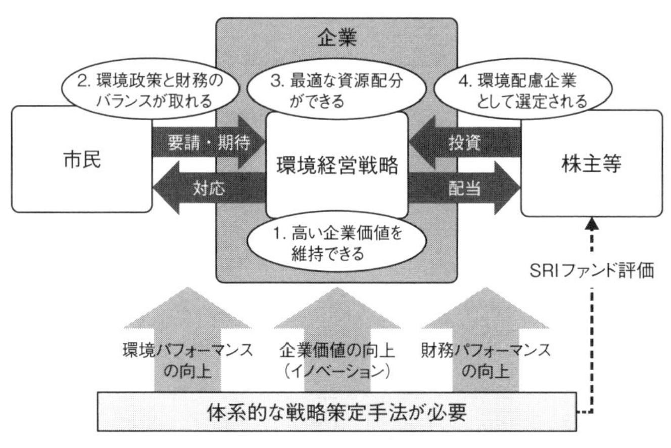

（出所）図表２－１と同じ。

このような体系は当然のごとく理解はしながら都度適切な判断はしているものの，客観的にその構造を整理し自らの管理に取り込むことはあまり多くないかもしれない。さらにそこに流れる情報が可視化されている状況は限定的と思われる。フレームワークの重要性として幅広く全体を捉え抜け漏れが無いようにするためには有効な手段といえる。

3.2　環境配慮企業のパフォーマンス測定

環境配慮を重視する企業は企業価値を高め，結果として高パフォーマンスをもたらすという仮説につき検証を試みた例がある。図表２－３で示すように現在より 10 年以上遡り環境配慮に関する情報の収集は極めて限定的である中，上場企業 400 社程度への調査結果が取りまとめられ，そのデータを活用することである程度の傾向分析の結果が得られた。その分析においては図表２－４で表現しているように企業規模や産業業種，ホールディングス企業や SRI 選定企業など様々な切り口で見ることでどのような要因がパフォーマンスに影響をもたらしているかが明らかになるという分析事例である。単純なクラスタリングとして主成分分析で２次元の４象限で分類してみると特徴や傾向が可視化で

図表2-3　分析データと手法

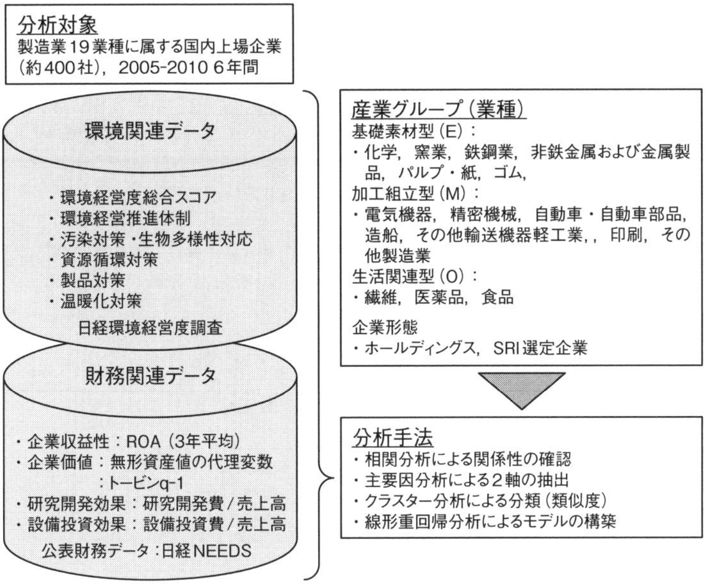

分析対象
製造業19業種に属する国内上場企業（約400社），2005-2010 6年間

環境関連データ
・環境経営度総合スコア
・環境経営推進体制
・汚染対策・生物多様性対応
・資源循環対策
・製品対策
・温暖化対策
日経環境経営度調査

財務関連データ
・企業収益性：ROA（3年平均）
・企業価値：無形資産値の代理変数：トービンq-1
・研究開発効果：研究開発費/売上高
・設備投資効果：設備投資費/売上高
公表財務データ：日経NEEDS

産業グループ（業種）
基礎素材型（E）：
・化学，窯業，鉄鋼業，非鉄金属および金属製品，パルプ・紙，ゴム，
加工組立型（M）：
・電気機器，精密機械，自動車・自動車部品，造船，その他輸送機器軽工業，，印刷，その他製造業
生活関連型（O）：
・繊維，医薬品，食品
企業形態
・ホールディングス，SRI選定企業

分析手法
・相関分析による関係性の確認
・主要因分析による2軸の抽出
・クラスター分析による分類（類似度）
・線形重回帰分析によるモデルの構築

きるようになるのではないだろうか。

3.3　イノベーション効果の測定

イノベーションの効果測定について，企業の環境対策や投資行動に加えてイノベーション要因を加味した場合の傾向が捉えられないかという分析を試みるなか，業種特性に応じた各要素間での相互関係に特徴を見出した事例がある。図表2-5で示すようなそれぞれの説明変数に何を用いるのか，また適切な情報が得られているのかという制約はあるものの，一定の条件下においては図表2-6で示すような想定した結果が得られることで基礎的なモデリングの構築のベースになるものと考えている。モデルは学習により精度を高めていき様々なシミュレーションや予測に活用できるので継続的な進化が期待される。

図表2－4　分析結果の例

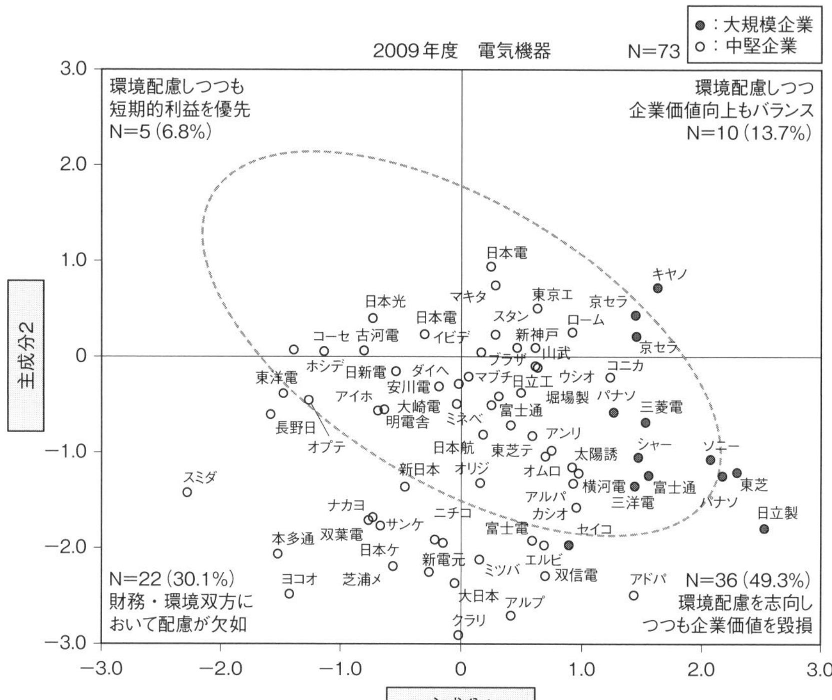

EcoDesign2011：7th International Symposium on Environmentally Conscious Design and Inverse Manufacturing での口頭発表,『Research on Environmental Innovation Strategy that intends High Performance Enterprise in Uncertain Age』, Kyoto TERSA（Kyoto Citizen's Amenity Plaza),（2011年11月30日）伊藤由宣

3.4　シソーラス構築による文字情報の可視化

現在では珍しくは無くなったものの文字情報の解析は情報ソースの幅を飛躍的に拡大することができる。特にサステナビリティに関連する諸情報は定量データが限られ，企業の開示情報のみならずSNS上での公開情報はより実態を捉えるのに有効と考えられる。図表2－7にESGシソーラスを構築した解析手法を示しているが，ここでは日本語を如何に整理し単語の意味合いを解釈さ

図表 2－5　仮説検証のためのパス図

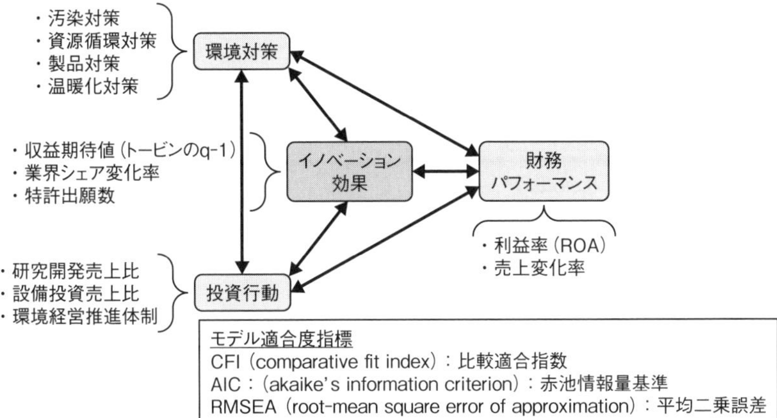

モデル適合度指標
CFI（comparative fit index）：比較適合指数
AIC：（akaike's information criterion）：赤池情報量基準
RMSEA（root-mean square error of approximation）：平均二乗誤差

（出所）伊藤由宣・永田勝也（2012）「企業の環境イノベーションに関するモデル化検討と実証」『日本印刷学会誌 49 巻 6 号』27-33 頁，日本印刷学会

図表 2－6　分析から導出されたモデル

	基礎素材型業種		加工組立型業種	
	直列型	統合型	ダイヤ型	複合型
環境対策	1 非鉄 環→イ→投→財	19 パルプ 環・イ・投→財	10 電機 環→イ・投→財	13 機械 環→イ・投→財
環境対策	2 環→投→イ→財	8 環・イ→投→財		14 環→投・イ→財
イノベーション	3 窯業 イ→環→投→財		11 印刷 イ→環・投→財	15 イ→環・投→財
イノベーション	4 イ→投→環→財	7 イ・投→環→財		16 イ→投・環→財
投資行動	5 化学 投→環→イ→財		12 投→イ・環→財	17 自動車 投→環・イ→財
投資行動	6 投→イ→環→財	9 石油 投・環→イ→財	〔凡例〕環：環境対策 イ：イノベーション効果 投：投資効果 財：財務パフォーマンス	18 投→イ・環→財

（出所）図表 2－5 と同じ。

図表2－7　ESGシソーラスによる解析手法

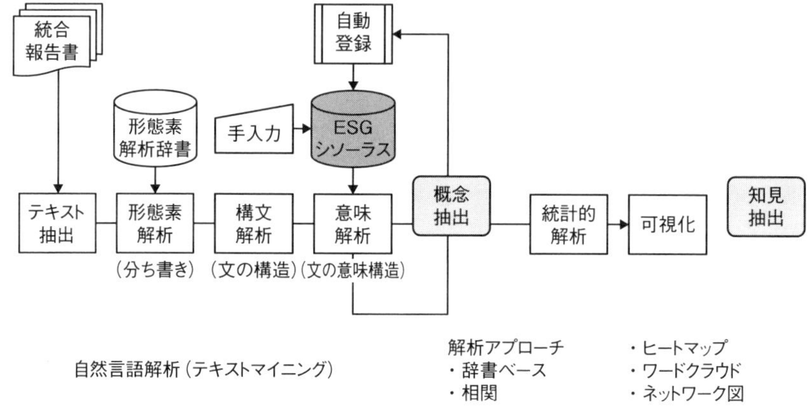

（出所）伊藤由宣（2016）「企業の開示情報評価にむけたESGシソーラス構築の試み」2016年度環境経営学会研究報告大会での口頭発表。

せるための辞書整備が重要になってくる。辞書も専門用語を含め都度メンテナンスしていくことでより分析精度は高まり，より実態に近い可視化が可能になると考えられる。定量化された文字データをどのように表現するかはその目的に応じて選択することとなる。図表2－8で示すような頻出単語の出現状況の関係性を可視化することも外観を把握するという点で有効であるし，場合によってはワードクラウドのような一般的表現方法も解りやすいかもしれない。

3.5　事業活動の可視化と効果測定

ある事業の活動やその効果はどのように可視化できるであろうか。複雑な構造を如何にコンパクトに表現できるかが重要と考えている。また一定のフレームワークに沿って整理されていれば事業間での比較も可能になり同一言語としてコミュニケーションが容易になされると考えられる。図表2－9はある事業を題材としてその可視化を試みた例である。事業を表現するに当たり考慮した点は以下の通りである。

・事業のインプットとアウトプット，さらにはその成果としてのアウトカムまでを想定する

図表 2－8　文字情報の可視化例

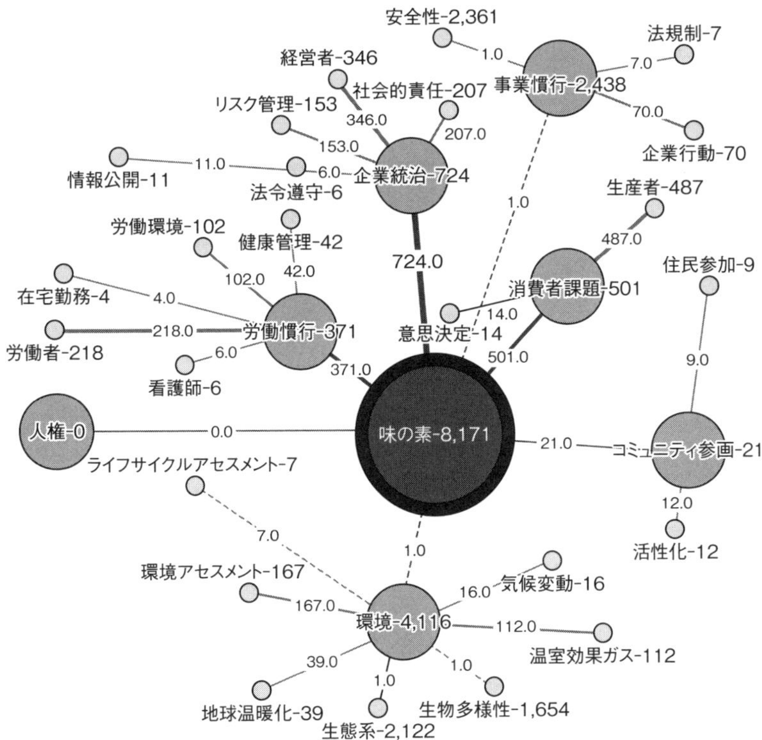

（出所）図表 2－7 と同じ。

図表 2－9 事業活動の可視化例

ガーナでの魚肉ソーセージ普及に関する BOP 事業評価

	インプット	3.3	相手国政府	日本政府	事業主体
財務	事業投資	3			○
財務	ファンド投資	3		○	
製造	現地生産工場	3	○		
知財	日本的経営手法	5		◎	○
知財	製造ノウハウ	5			◎
人材	現地労働力	4	◎		
社会	1 次加工産業	3	○		
自然	現地魚	4	○		
自然	水	1	△		
自然	気候変動動向	2	◎		

⇒　当事業　⇒

	アウトプット	2.9	相手国政府	日本政府	事業主体
財務	商品売上	3	○		○
財務	利益	3			○
財務	企業価値	3		○	○
製造	出荷製品	4	◎		
知財	IR の充実	4			○
知財	CSV 経営	3		○	○
人材	現地雇用	4	◎		
社会	学校での給食	5	◎		
社会	物流インフラ（倉庫）	1	△		
自然	資源廃棄	1	△		
自然	非汚染排水	1	△		

⇒

	アウトカム	2.6	相手国政府	日本政府	事業主体
財務	経済成長	1	△	△	△
製造	ECOWAS への輸出	2	○		
知財	日本ブランド向上	3		◎	
知財	企業ブランド向上	3			◎
人材	雇用機会の創出	4	◎		
社会	新たな食文化	5	◎		
社会	栄養改善	3	○		
社会	健康	2	△		
社会	水産業（1 次, 加工）	2	○		
自然	低負荷環境	1	△		

◎＞○＞△：インパクトの大きさ　5＞1：マテリアリティ（重要性）

図表２－10　定性情報の評価指標とデータ

ガーナでの魚肉ソーセージ普及に関する BOP 事業評価

資本区分	項目分類	適応分野	評価項目	評価指標	ステークホルダー	ベースラインデー	入手先	重要
財務	インプット	経済	事業投資	投下資本金額	経営者	社内	MN	5
財務	インプット	経済	ファンド投資(クラウド，財団，スポンサー)	出資金額	出資者	社内	MS	4
財務	アウトプット	経済	商品売上	売上金額	経営者	社内	MN	5
財務	アウトプット	経済	利益	配当利率	経営者、出資者	社内	MN	4
財務	アウトプット	経済	企業価値	株価	経営者、株主	DB	市場	4
財務	アウトカム	経済	経済成長	GDP 成長率	日本政府、ガーナ政府	DB	世界銀行	4
製造	インプット	経済	現地生産工場	現地工場設立		社内	MN	3
製造	アウトプット	経済	出荷製品（安定的）	製品出荷数	消費者	社内	MN	4
製造	アウトカム	経済	ECOWAS への輸出	製品輸出数	ガーナ政府、周辺国	社内	産業	3
知財	インプット		日本的経営手法	手法件数		社内	特許(ビジネス)	3
知財	インプット		製造ノウハウ（すり身）	ノウハウ件数		社内	特許(加工技術)	3
知財	アウトプット		IR の充実	株価	経営者、株主	DB	市場	3
知財	アウトプット		CSV 経営	CSR 評価	経営者、株主	DB	東洋経済	3
知財	アウトカム		日本ブランド向上	売上、シェア、特許使用数、模造品進出	日本政府	DB	特許	3
知財	アウトカム		企業ブランド向上	コンペ進出、ポジティブコメント数	経営者、株主、従業員	要調査	SNS	3
人材	インプット		現地労働力	雇用者数		社内	総務	3
人材	アウトプット		現地雇用	雇用者数		社内	総務	3
人材	アウトカム		雇用機会の創出	失業率、所得	ガーナ政府・市民	DB	総務	4
社会	インプット		１次加工産業（水産、食品）			DB	農水	3
社会	インプット		エネルギー（電力）			DB	産業	3
社会	アウトプット		学校での給食	採用学校数	自治体、子供、家族	要調査	総務	4
社会	アウトプット		物流インフラ（冷凍倉庫）	業者社数		要調査	産業	3
社会	アウトカム	教育	新たな食文化	イノベーション、冷食	ガーナ政府、周辺国	要調査	厚生	4
社会	アウトカム	食糧安全	栄養改善	栄養不足人口減少率	ガーナ政府、周辺国	DB/AJI	厚生	5
社会	アウトカム	健康	健康	栄養疾患通院減少率	ガーナ政府、周辺国	DB/AJI	厚生	5
自然	インプット		アフリカ魚	漁獲量		DB	農水	2
自然	インプット		水			DB	環境	1
自然	インプット		気候変動動向	気温、湿度、降水量、海水面		DB	気象	1
自然	アウトプット	環境	資源廃棄	廃棄処理基準値	ガーナ政府・市民	要調査	環境	3
自然	アウトプット	環境	非汚染排水	排水中濃度	ガーナ政府・市民	要調査	環境	3
自然	アウトカム	環境	低負荷環境	CO_2 排出量	日本政府	要調査	環境	4

（出所）伊藤由宣（2014）「IR 資本フレームワークの事業評価指標への適用～サステナブル社会における企業の役割」2014 年度環境経営学会研究報告大会での口頭発表

・それぞれの要素をIIRC[6]が提唱する6つの資本（財務資本に加えて製造資本，知的資本，人的資本，社会・関係資本，自然資本）に分類する
・それぞれの要素にさらに重み付けを5段階評価しスケールに応じてハイライトする
・それぞれの要素に関連するステークホルダーを明確にし，影響度合いを示しておくことで読み手の着目ポイントを明確にする（ここでは◎○△など）
・それぞれの要素がどのように測定されるのかの評価指標と情報ソースを図表2-10のようにあらかじめ定義し重要度も明らかにする（ここでは5段階評価）

また，このような体系的な整理は事業のプランニングや活動の評価においても以下の点で有効と考えられる。
・整理の枠組みがあることで検討の際に各要素の抜け漏れを排除できる
・机上のシミュレーションで事業の妥当性を確認できる
・事業の概要や期待効果をより具体的にイメージできる
・評価指標が予め定義されていることで公正な活動評価ができる

4. 変革に向けての今後の方向性

4.1　検討フレームワークの構築に向けて

企業に求められる役割は常に変化し高度化してきている。たとえその方向性が自明であったとしてもその時点で如何に整理して状況を可視化できるかが重要になってくる。業界特性によるバラツキがあるにせよ，大方の企業はその時代に沿った枠組みの中で最低限の体勢を整え活動のスタートラインに立たなければ生き残ってはいけない時代である。幸いなことに国際的レベルで多くのNGO/NPOや研究者あるいは有識者が調査や方向性についての議論を重ね，あるべき姿を示してくれることが多く，その中で一部の先行者が様々なチャレンジをすることで実績を積み上げ構想を現実化していく。イノベーションの世界では先行者利益がとても重要ではあるが，リスク領域においてのみの先駆者

になることのメリットはあまり大きくないかもしれない。機会とリスクを切り分けることなく早期に取り組むことは競争環境においては差別化要因の一つになるとも考えられ，長期的な視点で見ればやはりここへの先行投資は継続的に行われる必要があると考えられる。

対策サービスとして採算が取れそうな段階においては支援のための調査会社や専門家集団がサービスメニューとしてわかりやすい資料や事例を交えて説明及び推進してくれるので短期間で成果を上げるためには活用することも有効であるし，そのコストについても最低限必要なものとして投資家から反対されることもなく経営者も意思決定がしやすくなるものと思われる。このような流れの中で定着に向けてある程度の時間は必要なものの時代に即した企業インフラが整備され，いわゆる本業に専念することで価値を高めることにシフトしうる土壌が構築されると考えられる。

4.2　イノベーション創出へのチャレンジ

サステナブル社会をサバイブしていくためには現時点で想定済みの施策に加え不確実な将来を如何に見越していけるかが重要になるであろう。技術革新や新たな環境変化に伴い利便性が高まる一方で同時に新たなリスクが想定され場合によっては顕在化する中で常に新たな対応に迫られることが続く。検討すべき事項は広範囲におよび地球規模での共通目標に立ち向かうこともあり今後の社会の動向を広く模索しなければならなそうだ。国内における地球温暖化の問題への取り組みは思わしい状態とは言えないものの現在では多くの議論と対応が進展している。また環境配慮の新しい経済のあり方も社会的共通資本や人新生の資本論，あるいは限界費用ゼロ社会をはじめ金融政策のあり方に関する議論は粛々と進展している。さらに生き方に関するものとして幸福度を追求するウェルビーイングやライフシフトに見るキャリア論など様々なテーマが次々に押し寄せており企業経営にも密接に関わり欠かせないものばかりである。

新しい世界でどのような価値を提供し続けることができるか，実現に向けてのシナリオとそれを支える仕組みが重要で，これらの先行投資に対しての意思決定も差別化の源泉ともなりうる重要なポイントとなるであろう。つまりイノベーション創出に向けたシナリオプランニングには意思決定に必要となるあらゆる情報とその可視化，オプションのシミュレーションなどの技術も必要に応じて活用できるようなインフラ構築が望まれる。これらの仕組み作りは実務においては既に様々な試みがなされてはいるが永遠に完成することはなく進化し続けなければならない取り組みと言えそうだ。

5. おわりに

本章ではサステナビリティの歴史を振り返りつつ今後の方向性についての整理を試みたが企業経営において不確実性は今後も永遠に変わらず，経営者にとっては最適オプションの選択に向けての意思決定の連続が求められる。ここで紹介した事例については具体的な詳細には言及していないが，これまでの試みは現時点では類似の手法でより精度の高い仕組みやサービスが提供されはじめている部分も多い。それらも活用しつつ，常にスマートな最適解を導き出すためには判断に必要となる情報や判断を支援する仕組みを常にメンテナンスしていけるような経営インフラを如何に構築していけるかが重要になると考えられる。

[注]

1　https://www.ifrs.org/
2　持続的な企業価値の向上と人的資本に関する研究会 報告書～人材版伊藤レポート～（METI/経済産業省）
3　ISO — ISO 26000 —社会的責任
4　気候関連財務情報開示タスクフォース |TCFD）（fsb-tcfd.org）
5　TNFD — Taskforce on Nature-related Financial Disclosures
6　International_IR_Framework_JP.pdf（integratedreporting.org）

[参考文献]

ヨルゲンランダース，2013，『2052 今後 40 年のグローバル予測』，日経 BP 社
宇沢弘文，2000，『社会的共通資本』，岩波書店
齊藤幸平，2020，『人新生の資本論』，集英社ジェレミーリフキン，2015，『限界費用ゼロ社会』，NHK 出版
岩村充，2018，『金融政策に未来はあるか』，岩波新書
野口悠紀雄，2022，『どうすれば日本人の賃金は上がるのか』，日経 BP

アンドリュースコット・リンダグラットン，2021，『ライフシフト2』，東洋経済新報社
稲盛和夫，2004，『生き方』，サンマーク出版
前野隆司，2021，『ウエルビーイング』，日本経済新聞出版

（伊藤由宣）

第 3 章

日本企業のサステナビリティ報告とESG 情報開示
――その現在地と今後の潮流

1. ESG 情報の変遷とディスクロージャー支援

1.1 これまでの歩みと事業内容

当社（株式会社ブレーンセンター）は企業コミュニケーションを幅広く支援する企画制作会社であり，その立場から，日本企業のサステナビリティ報告とESG 情報開示の現状と今後の課題について論じてみたい。本章第 1 節では，現在に至るまでの日本企業のディスクロージャーの変遷を，当社事業の歩みとともに紹介する。

当社は，1975 年に代表の稲田紀男が独立系出版社として創業した。「どこの出版社も出さないけれど，次の時代に残さなければならない本があるはず。100 年後も残る本を，自らの手でつくり続けたい」という信念のもと，環境・人権・アート・ノンフィクションなどの書籍を出版。編集発行数は 500 を超え，現在も活動を続けている。

その一方，出版社として培った編集力を活かして，企業のコミュニケーションに必要なオリジナルメディアの受託制作へと事業を拡大してきた。1980 年代前半は，企業 PR 分野を中心に，会社案内パンフレット・社史・社内報・製品カタログなどの企画制作を手掛けた。1980 年代後半からは，いわゆるバブル経済による空前の人手不足を背景に，採用 PR 分野に注力。入社案内パンフレットや学生向けダイレクトメール，説明会用の映像などへと商品ジャンルを広げながら業績を拡大していった。

しかし 1990 年代前半にバブル経済が崩壊すると，当社の業績も低迷を余儀なくされた。そうしたなか，新しい領域として投資家向け広報（IR）分野での事業を開始した。ちょうど，バブル崩壊で日本の経済界が間接金融から直接金融へとシフトし，その波に乗ってIR支援の市場も黎明期にあった頃である。当社も果敢に挑戦し，その市場での足場を固めていった。

また，マイクロソフト社がWindows 95を発売した1995年の前後に，当社はWebサイトの企画制作事業を開始した。印刷物や映像に加えて，新たに登場したWebメディアの制作ノウハウを蓄積したことは，企画制作会社として提案の幅を広げる大きな契機となった。

その後，京都議定書が採択された1997年当時，日本では「環境広報」が生まれつつあり，この分野にも当社は比較的早く参入した。

以来，IR・CSR分野双方で支援できる稀有な企業として成長してきた。その独自性を2010年代前半からの統合報告の分野でも発揮し，現在に至っている。

また，当社は独立系企業として自ら営業活動を広く行い，大手代理店の下請けではなく，顧客企業との直取引を中心に事業を拡大してきた。さまざまな業種・業態の企業との取引を通じて，各種産業の特性や傾向，また日本の産業構造について学ぶことができた。さらに，顧客企業のビジョンや戦略を理解するなかで，その背景にある国際的な政治・経済の動向やトレンドについても理解を深めてきた。

このように当社の歩みは，日本の社会・経済の変化とともにあり，日本企業を取り巻く環境の変化に応じて自社の商品ポートフォリオを拡充してきた。その結果，当社の特長は大きく3つに集約することができる。

(1) 幅広い企業コミュニケーション分野（PR・ブランディング，IR，サステナビリティ，インナープロモーションなど）における企画提案力
(2) 多様なメディア（Web，印刷物，映像など）に精通したデザイン・制作力
(3) さまざまな業種・業態の顧客と直接取引で蓄積した企業理解力

こうした歴史と特長を持つ当社は，とりわけ直近20数年間は統合報告書やサステナビリティ報告書など，いわゆる任意のディスクロージャーツールの企画制作支援の分野で一定のプレゼンスを確立してきたと自負している。次項から，その20数年間において当社がどのような支援をしてきたのかを振り返ることで，日本企業のディスクロージャーの変遷を見てみたい。

1.2　四半世紀にわたるディスクロージャー支援

先に述べたように，当社は 1990 年代半ばに IR 支援の一環として，アニュアルレポートや株主通信の企画制作を開始した。本項では，現在のサステナビリティに関する情報開示やコミュニケーションに至る，歴史的な経緯を中心に振り返る。

1990 年代後半～　環境報告書の登場

ご存じのとおり，1997 年の国連気候変動枠組条約第 3 回締約国会議（COP3）において，歴史上初めて，温室効果ガス削減の国際的数値目標を定めた京都議定書が採択された。そのインパクトは大きく，日本でも環境に関する情報開示の気運が高まり，大手企業を中心に環境報告書の発行が進んだ。当社も関西企

図表 3－1　1990 年代後半から現在までの変遷

（出所）筆者作成

業を中心にいくつかの報告書を手掛ける機会に恵まれた。

また，ほぼ同じ時期に，化学メーカーを中心にレスポンシブル・ケアレポートが発行されるようになっていた。レスポンシブル・ケアとは，化学物質を扱う企業が製品の開発から製造，物流，使用，最終消費を経て廃棄に至るすべての過程において，自主的に「環境・安全・健康」を確保し，活動の成果を公表しながら社会との対話・コミュニケーションを行う活動である。この活動の報告書がレスポンシブル・ケアレポートであり，当社も当時，JSR株式会社や鐘淵化学工業株式会社（現・株式会社カネカ）などの報告書制作を支援した。それらの経験が，環境報告に必要な知見を獲得するうえで大きな手掛かりとなった。

2003年～「CSR元年」，GRIガイドラインの発行

日本企業の間でようやく環境報告書が定着した頃，すでに欧州では環境側面のみならず社会側面を加えた幅広い情報開示の必要性が高まり，「企業の社会的責任（CSR）」という概念が広まりつつあった。ちょうど，Global Reporting Initiative（GRI）がサステナビリティ報告のガイドラインを発行した時期であり，その後，日本でも従来の環境報告書に社会側面の情報を加えた，環境・社会報告書やCSR報告書，サステナビリティ報告書を発行する企業が増えた。その動きがとりわけ顕著になった2003年を，日本では後に「CSR元年」と呼ぶようになる。

当社は前述した環境報告書やレスポンシブル・ケアレポートの支援ノウハウをもとに，いち早くCSR報告市場で頭角を現すことができた。CSR元年前後の主な実績として，大阪ガス株式会社，株式会社イトーヨーカ堂，積水化学工業株式会社，オムロン株式会社，シャープ株式会社などがある。各社とも環境省や東洋経済新報社が主催する表彰制度で度々受賞するなど，情報開示力に定評のあった企業であり，そうした企業を支援できたことは当社の大きな財産となった。

大阪ガス株式会社「環境・社会行動レポート2003」と株式会社イトーヨーカ堂「企業の社会的責任報告書―社会・環境活動報告2004」の受賞理由を紹介する。

【第 7 回環境レポート大賞環境報告書部門「環境報告大賞（環境大臣賞）」】

大阪ガス株式会社「環境・社会行動レポート 2003」

この環境報告については詳細かつ丁寧な情報開示がされバランスよく幅広い内容をカバーしている。事業活動における環境負荷，製品における環境負荷，地域における環境改善の 3 分野でまとめ，複雑な環境対応を理解しやすい構成となっている。都市ガス事業における環境負荷の全体像では，天然ガス田掘削時の環境負荷からカバーしており，幅広い範囲まで目配りしている点が評価できる。家庭などでの燃料電池の開発普及にはガス会社の役割は大きいと思われるのでもう少し大きく取り上げ，それについての方針，コミットメントの記載が望まれる。上記に加えて，ガスの安定供給をガス会社としての社会的責任として捉え，誠実に情報開示・コミュニケーションを図ろうという姿勢が読み取れるものとなっている。欲を言えば供給サイドには政情不安定な国もあるので，サプライチェーンにおける配慮という視点が入ると，かなり先進的な取り組みとなろう。

（出所）環境省（https://www.env.go.jp/press/files/jp/5159.pdf）

【持続可能性報告大賞（環境大臣賞）】
【環境報告優秀賞（地球・人間環境フォーラム理事長賞）】

株式会社イトーヨーカ堂「企業の社会的責任報告書―社会・環境活動報告 2004」

ステークホルダー別の編集は，それぞれのステークホルダーとの双方向のコミュニケーションを重視し，信頼される誠実な企業でありたいという「社是」を表すものとして高く評価したい。一般の消費者にも見やすく，分かりやすい。対応部署が明記されていることも，CSR が全社的な取り組みであることが良くわかる。CSR の取り組み状況を定量的に把握する「CSR 指標」や「CSR 会計」など，独自の工夫を凝らしていることも評価できる。今後，サステナブルな社会を構築する上で消費者の役割が極めて重要になってきており，その接点にいるのが小売業であり，更なる革新的な取り組みを果たしていってもらいたい。CSR 重視のため，環境面の取り扱いが少なくなってきているが，単にこれを増やすということではなく，各ステークホルダーとの対話の中で環境も統合した記述なども工夫するなどのリーダー役を果たしていってもらいたい。

（出所）一般財団法人地球・人間環境フォーラム（https://www.gef.or.jp/eco-com/8th_ereport.htm）

2006年～　重要性（マテリアリティ）概念の導入，Web活用の本格化

CSR元年以降，各社が競い合うように開示情報を増やすなか，2006年にGRIガイドラインの第3版が発行され，CSR報告に「重要性（マテリアリティ）」の概念が本格的に導入された。ステークホルダーへの影響あるいは自社の長期的な成長など，その観点は多様であっても，重要な情報に絞って，あるいは重要な報告が何なのかがわかるように報告すべし，という原則は，現在のサステナビリティ報告や統合報告においてはすでに当たり前のものになっている。

しかしながら当時はまだ，こうした考え方に戸惑う企業も多く，具体的なアウトプットの方法も確立されていなかった。そこで当社は，マルチメディア開発ができるという特長を活かし，冊子とWebの使い分けを積極的に提案していった。すなわち，誌面スペースに制約のある冊子ではマテリアリティの高い情報に絞ってわかりやすく報告することに注力し，その他も含めた全情報を網羅するCSRサイトやサステナビリティサイトをWeb上に構築する。それに

図表3－2　冊子とWebの使い分け

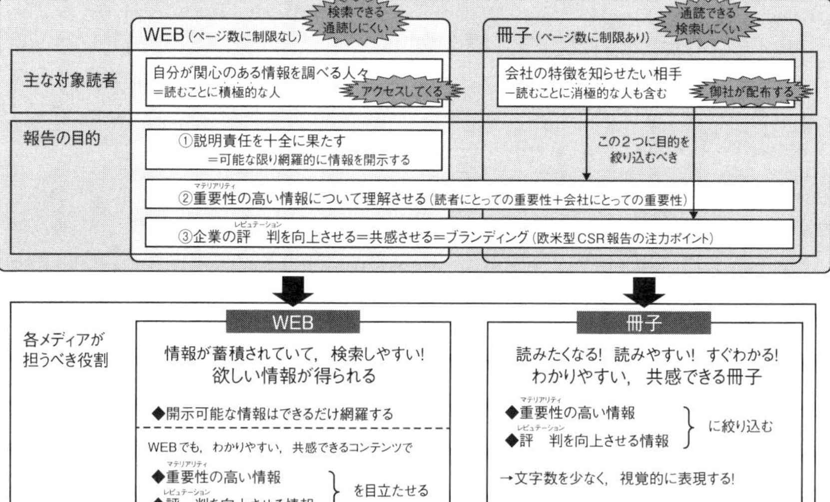

（出所）筆者作成

よって，全体として最適なCSR報告を実現する，という提案だ。当時の主流だった冊子にWebを加え，さらにそれぞれの日本語版と英語版を並行して制作していくことは容易ではなかったが，複数ディレクター体制と効率的な情報共有体制の構築，ワンソース・マルチユースのプロセス設計などに注力し，着実にノウハウを高めていった。

2008年〜　リーマンショック，統合報告の萌芽

2003年に始まったCSRバブルとも言うべき市場の活況は，2008年に発生したリーマンショックによって唐突に終わりを迎えた。業績が悪化した多くの企業が全社的な予算削減を余儀なくされ，CSR報告においてもコスト削減が必須となったのだ。それまでの活況を受けて制作会社の数も増えており，その市場競争と相まって低予算化が進んだ。

こうした状況下で，結果的に後の統合報告書につながるような特色ある冊子が登場してきた。予算削減策として，投資家向けアニュアルレポートと，CSR報告書を合本する企業が現れたのだ。当社も顧客数社から相談を受けた。

そうしたレポートの構成を提案するにあたっては，冊子全体の一貫性を保ちにくいこと，そして不祥事や事故のようなネガティブ報告を扱いにくいことが問題になった。

前者は，単なる合本では木に竹を接いだような冊子になってしまうということだ。例えば，経営戦略について説明する前半パートでは利益確保の観点から人員整理をポジティブな経営施策として取り上げる一方で，CSR関連情報をまとめた後半パートでは人員整理などなかったかのように従業員への厚遇を列挙するといった，ちぐはぐな内容の冊子が散見された。後者は，代表例として環境事故が挙げられる。CSR報告においては，軽微な事故であっても丁寧かつ詳細に報告することが重要である。しかし，もしも投資家向けアニュアルレポートでそのような事案に必要以上に多くの誌面を割けば，重大な財務影響や信用失墜があるのかと誤解されてしまう可能性もある。

問題の解決策として，当社は，冊子全体で一貫性のあるストーリーを通すこと，スタンスがぶれないように第一の読者を投資家とすべきことを提案した。マルチステークホルダー向けの詳細なCSR報告についてはWebで担保すると

いう，前述したメディアのすみわけのノウハウも提案に活用した。こうした経験の蓄積は，国際統合報告評議会（IIRC）登場後の統合報告書の企画・制作にも活きることとなった。

いわゆる合本レポートは「コーポレートレポート」あるいは○○部に社名を冠した「○○レポート」という名称で，少なくない企業によって発行された。一方で投資家向けアニュアルレポートと銘打つ冊子にも，ガバナンスや環境・社会面の報告の記載が徐々に増えていった。当社にとっては，IRとCSR報告の両分野で実績・ノウハウを持つという強みを活かせる市場ができたとも言え，積極的な営業・提案を進めていった。

2013年～　統合報告市場の拡大

統合報告のあり方を顧客企業とともに模索しながらノウハウを蓄積していくなかで，ついに2013年，国際的な規範としてIIRCの「国際統合報告フレームワーク」が登場した。当時の顧客向け企画書の冒頭には「IIRCの統合報告フレームワークを恐れる必要はない！」と大書してある。随分と物々しい言葉だが，当時はそれほどまでに日本企業の戸惑いが大きかったのだと言えよう。実際，同フレームワークの草稿を目にした顧客から，詳細な開示項目の指定がないこと，各種の非財務「資本」という目新しい観点，従来とは異なる「ビジネスモデル」の概念などについて質問や相談が寄せられた。

そうしたなかで，当社としては，以下のようなアプローチで各社の統合報告書の構成を立案していった。

(1) 非財務報告についてGRIガイドライン第4版で重要なCSR上の開示項目を洗い出す

(2) 財務報告について日経アニュアルリポートアウォード審査項目に照らして改善点を出す

(3) そのうえで，IIRCの国際統合報告フレームワークを活用し，そのポイントである「戦略」「ガバナンス」「重要性（マテリアリティ）」の観点から記載内容・表現方法を検討する。

現在のように，投資家が注目する統合報告上のイシューが定まっていなかったこともあり，何をどのように報告すべきなのかを，丁寧かつ真剣に顧客企業とともに考えていった。

2016年～　統合報告・サステナビリティ報告の広がり

統合報告のニーズは，2015年の国連持続可能な開発目標（SDGs），パリ協定を契機としてさらに高まっていった。年金積立金管理運用独立行政法人（GPIF）を筆頭とする年金基金などの動向を背景に，ESG投資が驚くべきスピードで拡大し，統合報告・ESG報告は上場企業にとって，ほぼ必須のものとなった。そのなかで，報告書の章立てやコンテンツ，表現手法についても，作法とでも言うべきものができてきた。トレンドとして見てとれるのは次の3点である。

(1) メディアの広がり
(2) 報告主体企業の広がり
(3) 訴求対象の広がり

(1) については，Webと冊子の使い分けが当然となりつつある。Webについては ESGインデックス対応が特に重視されているほか，インタラクティブな機能を持つオンライン版の統合報告書も増えている。冊子については紙媒体からPDF形式への切り替えも進んできた。

(2) については，新たに統合報告・ESG報告に取り組む企業が急増している。東京証券取引所の市場再編で実に1,800社もがプライム市場を選択し，かつ改訂版コーポレートガバナンス・コードによってプライム市場上場企業に充実したESG情報開示が要請されたからである。その結果，当社にも毎週のように「初めて統合報告書を発行する」「サステナビリティサイトを構築したい」といった問い合わせが寄せられる。

(3) については，上述の市場再編やコード改訂の趣旨に沿って，投資を促進すべく海外投資家への訴求を強化する企業が増えている。例えば，当社が企画制作を支援した明治ホールディングス株式会社のグローバルサイトは，日本語のコーポレートサイトとは構成を変え，投資家をはじめとする海外の読者向けに最適化している。他方で，求職者や従業員など投資家以外に自社のサステナビリティの方針を浸透させ，取り組みの加速を図る企業も増えている。当社は，ビジョンブック，従業員とその家族に向けたレター，サステナビリティストーリーブック，また視覚的にわかりやすく存在意義（パーパス）やビジョンへの共感を醸成できる映像ツールなどの制作を提案・支援している。

しかし，こうした広がりの陰には，いくつかの課題も見え隠れしている。その点について次節で論じる。

図表3-3　日本における統合報告書の発行企業数の推移

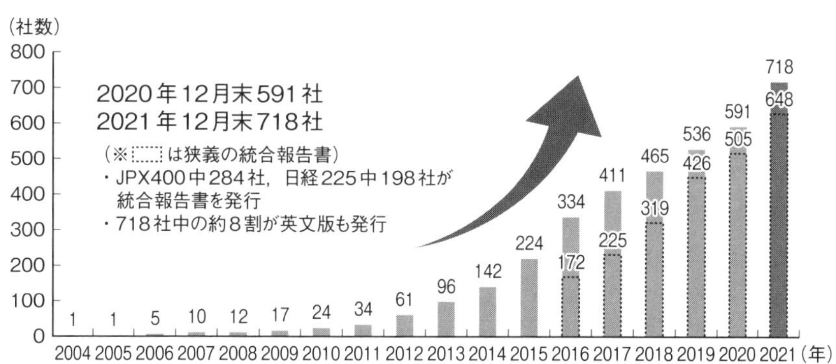

（出所）株式会社ディスクロージャー&IR総合研究所「統合報告書発行状況調査2021」

図表3-4　責任投資原則（PRI）の署名機関数の推移

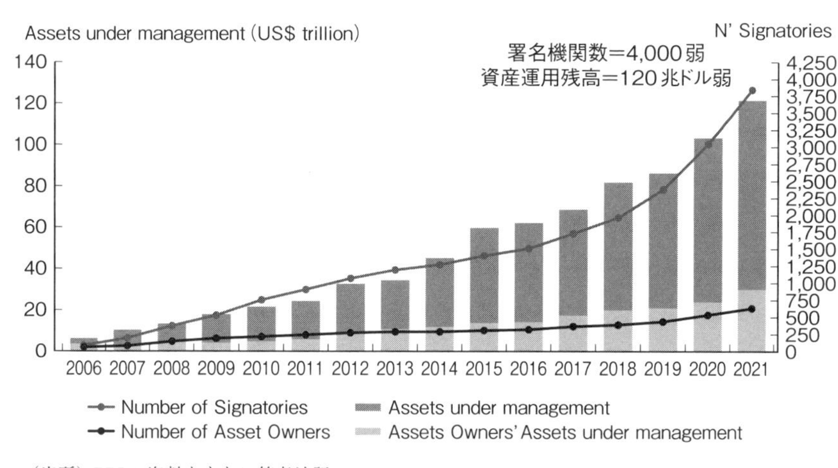

（出所）PRIの資料をもとに筆者追記

2. 情報開示を巡る日本企業の課題

サステナビリティやESGに関する情報開示は「CSR元年」以降，大きな変化を遂げてきた。しかも昨今，その変化はますます加速している。また，2021年6月の改訂コーポレートガバナンス・コードの公表，そして2022年4月の東京証券取引所の市場再編により，ESG情報開示の裾野が明らかに広がっている。

改訂コーポレートガバナンス・コードでは，ESG要素を含むサステナビリティに関する方針や取り組みの開示を求める原則が追加された。特にプライム市場上場企業に対しては，気候関連財務情報開示タスクフォース（TCFD）などのフレームワークに基づく気候変動対応への取り組み開示など，より踏み込んだ情報の開示を求めている。

2.1　大手上場企業の課題

こうしたなか，日本の上場企業，とりわけ従前から外部の批判的な視線にさらされやすい大企業は，厳しさを増す開示義務や，投資家をはじめとするステークホルダーの要請に応じて，誠実に情報収集・整理に取り組んできた。レポーティングにおいても，CSR報告書，サステナビリティ報告書，統合報告書，加えてWebサイトの活用など，メディアの変化をしっかりと捉えてきた。しかし一方で，大企業ゆえの課題から昨今の変化のスピードに追いつくことに苦慮している現状もあるように感じられる。

ここでは，当社が大企業のESG情報開示や報告書の企画・制作を支援するなかで見えてきた課題を三つに整理してみたい。

縦割り意識の強さ，“統合”思考の欠如

大企業においては，例えば環境報告書の時代であれば環境担当部門がデータ収集を担ってきた。その後も，開示要請に応じて人事部やCSR推進部などがそれぞれに蓄積してきたデータが存在する。そのこと自体は高く評価すべきこ

とである。しかしながら現在，それらを単に収集・開示するだけでなく，財務情報と非財務情報の関連性，あるいは経営戦略とサステナビリティ戦略，人材戦略との整合性を示すことが求められるようになっている。それこそが統合報告書で表現すべき「統合思考」でもあるからだ。とりわけ今後は，人的資本に関する情報開示の強化が求められる。これまでの人事データは，経営戦略と必ずしも紐づいていたとは言い難いが，これからは経営戦略を踏まえて現実と理想のギャップを分析し，重要業績評価指標（KPI）を策定しなければならない。経営層はもとより，人事部門と事業部門，あるいは経営企画部門などが連携を強めていくことが不可欠である。

だが，各部門がそれぞれの方針・スキームで集めてきたデータを「さあ連携せよ」といっても一朝一夕にできるものではない。そもそもセクショナリズムに陥りがちな大企業であればあるほど困難であることは想像に難くないだろう。その結果，各部門の情報を「あたかも連携しているように」レポーティングすることに腐心してしまいかねない。本末転倒である。

図表3－5　統合思考経営のイメージ

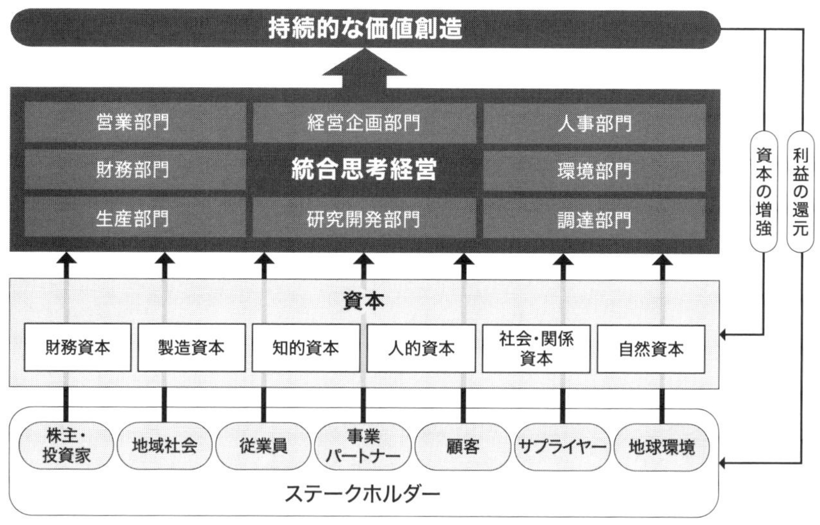

（出所）筆者作成

すなわち開示やレポーティングの前提として，まずは当該企業（あるいはグループ）のサステナビリティに関する考え方や方向性を，部門・組織の壁を越えて共有，融合させる「統合思考」を推進することが先決だと考える。当社としても，そうした課題を持つ企業にはまず部門長クラス，時には役員クラスも含めての勉強会やワークショップを提案し，下地となる意識を醸成することから推奨している。

変化への対応の遅さ

例えばマテリアリティ特定で言えば，複数のステップを経て数十もの課題から絞り込み，社内外含め多くの関係者が関わり，ようやく決まったというケースも少なくないはずだ。当面は変えなくて良い，変えたくないという考えも理解できる。ただし前述のように，サステナビリティやESGの情報開示を取り巻く環境は速いスピードで変化し続け，しかも投資家をはじめとするステークホルダーが注目するイシューも毎年のように変わっていく。「ダブルマテリアリティ」といった新しい概念も提唱されている。こうした状況を踏まえると，やはりマテリアリティも柔軟に見直していかざるを得ないと言えよう。既定のものに固執していては，変化に適応できず取り残されてしまうことは明白である。

加えて大企業ともなると，過去から大切にしてきた経営理念，コーポレートメッセージ，ビジョン，ミッションなど，スローガンやステートメントが乱立し，体系整理ができていないケースも見受けられる。それらを捨てろとは申し上げられないが，「今とこれから」に必要なメッセージを改めて見つめ直し，社内外に発信することが必要ではないだろうか。

これら一つめと二つめの課題は，いわゆる「大企業病」とも言えるものであり，長年にわたり築き上げられた企業文化や風土と密接に関連しているものと考えられる。そのため，思い切った変革には経営トップの強い意思が欠かせない。サステナビリティやESGの先進企業を見ていると，経営トップ自らが現状に対する危機感を表明し，変革をコミットメントしているケースが多い。サステナビリティやESGの分野のみならず，環境変化に適応しイノベーションを創出し続けなければ生き残れない時代になっていることの証左だと思われる。

図表3－6 「ダブルマテリアリティ」の解説

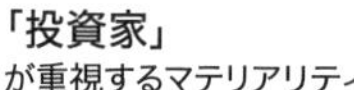

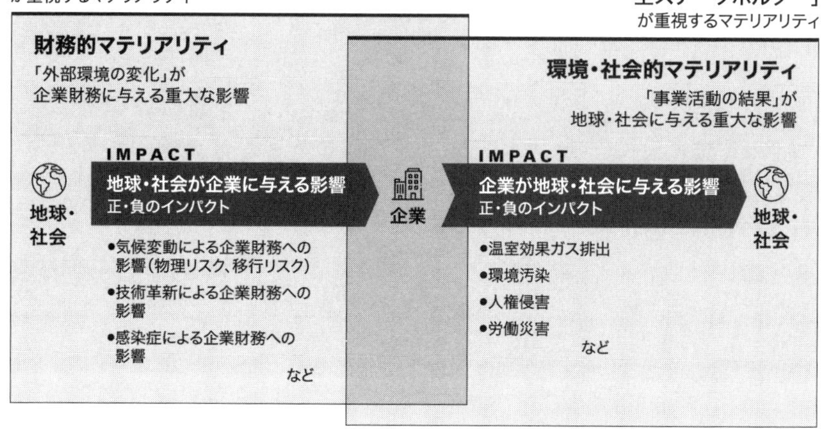

（出所）欧州委員会「非財務情報の開示指令に関するガイドライン」をもとに筆者作成

従業員の「他人ごと」感

変革を進めるためにトップダウンが重要ではあるが，一方でトップの指示を日々実践するのは一人ひとりの従業員である。そこで出てくる3つめの課題が「従業員の自分ごと化」である。マテリアリティにせよ経営戦略にせよ，自身の業務にどう関連し，何をすべきかを一人ひとりが意識する必要がある。それがなければ絵に描いた餅でしかないからだ。そのために有効だと思われるのが，戦略の根底にあるシンプルなものさしとしてパーパスやビジョンを共通化することである。昨今「パーパス経営」という言葉を耳にする機会も増えたが，全従業員が同じ方向を見て，自分たちの会社が生み出すべき価値を共有することには大きな意味がある。加えて，それらの意義や内容を全従業員が正確に理解することも重要である。大企業であればグループ会社も多く，さまざまな国でさまざまな事業を営み，従業員の国籍も多様であろう。当社は冊子やWebサイトなど，さまざまなメディア体を顧客企業に提案しているが，こうしたケースで効果的なのは動画である。ビジョンを「見える化」してわかりやすく伝えることで，より多くの従業員に，印象的・効果的に伝え，かつ共感してもらうことが可能となる。

2.2　中堅中小上場企業および非上場企業の課題

中堅中小の上場企業の多くは，従来コーポレートガバナンス報告書などで最低限の開示しか行ってこなかったが，プライム市場を選択したことを機にESG情報の収集，開示メディアの作成に着手する，という傾向が顕著に出てきている。

非上場企業においては，上場企業に比べて情報開示の動機が低い傾向にある。実際に当社も，非上場企業から，サステナビリティ情報開示に取り組む意義を問われることもある。しかし昨今，サステナビリティ報告書やサステナビリティサイトを制作する非上場企業も徐々にではあるが増えている。その背景には，サプライチェーンにおけるサステナビリティ情報の開示要請がある。製品・サービスの納入先である大手企業が，持続可能な調達のためのマネジメント手段として，サプライヤーに対してサステナビリティへの取り組み要請を強化しているのだ。こうした流れからサプライヤーのサステナビリティに関して，独自にアンケート調査を実施する企業や，Sedex・EcoVadisなどの機関が提供するグローバルな評価・格付け情報サービスを活用する企業が増えている。つまり，サステナビリティに取り組んでいない企業はサプライチェーンから排除されるリスクが強まっているとも言える。非上場企業の場合，上場企業のように義務的なディスクロージャーを求められることは少ないが，サステナビリティ情報の積極的な開示によって企業としての社会的信頼性の担保につながるものと考えられる。

知識やノウハウの不足

こうした背景から，当社にも上場・非上場を問わず多くの中堅企業・中小企業から「統合報告書を発行したい」「ESG情報の開示を拡充したい」という問い合わせが急増している。その際に「どこから手をつけてよいのかわからない」という相談が多くある。そうした企業に対しては，サステナビリティ報告の国際標準にもなっているGRIスタンダード，あるいはMSCIやFTSE，S&Pグローバルなど ESG評価機関の評価項目，上場企業であれば顧客からのアンケート項目，SedexやEcoVadisの評価項目などをもとに，現在の取り組み状況や開示可能な情報を棚卸しすることをお勧めする。まずは，世の中から企業にどういった取り組みや情報開示が求められているのかをその意図とともに理解し，それに対して自社がどの程度応えることができ，何が足りないか，現状とのギャップを認識することが重要だ。その認識があってこそ，取り組めていない，情報開示できない項目について，どう対策を講じていくかを検討することができる。

優先順位づけと体制整備

また，上述したGRIスタンダードやESG評価の項目は多岐にわたり，すべての項目に等しく対応することが困難な場合も多い。その場合，優先順位をつける，つまり重要課題（マテリアリティ）を特定することが有効だ。

マテリアリティは，パーパスやビジョンを実現し持続的な企業価値向上を果たすための最も重要な経営課題と言える。数多あるESG開示要求項目のなかで，マテリアリティに関連する事項に絞ってKPIやアクションプランを策定し，その進捗を開示していくことをお勧めする。

マテリアリティへの取り組みやKPIの進捗を管理する専任部署や委員会を設け，企業として組織的に取り組む体制を構築することも重要だ。また，ESG評価機関からの評価を高めるためには，マテリアリティ以外の情報開示も必要になる。そのために，専任部署や委員会が中心となって，社内の方針・規程類の整備やデータ収集を進めていくことで，段階的に開示情報を拡充していくことができる。

サステナビリティ・ESGの情報開示については，さまざまなフレームワークが乱立していることも相まって，これまで情報開示に力を入れてこなかった企業にとっては，どこから，何から手をつければよいのかわからない，という状況にあると思われる。当社としても，そうした企業が情報開示の目的を明確にし，必要な手段を講じ，ステークホルダーと有効なコミュニケーションを行えるよう支援していきたい。

3. 今後の展望

統合報告とサステナビリティに関わるコミュニケーションは今後どのような方向に進むのだろうか。本節で当社なりの展望を描写してみる。

3.1 投資家向けディスクロージャー

規模の大小や置かれた状況を問わず，企業がより良い統合報告を実現するうえでの課題は，やや乱暴ではあるが以下の3点に集約することができよう。

(1) 整合性のなさ
ステートメント類が乱立し，序列や関係性がわからない，全部を覚えられない など

(2) 実質性のなさ
マテリアリティなどが形式的で，現場の認識と乖離しており，実行できない など

(3) 一貫性のなさ
これまで培ってきたことが，現在・未来へどうつながるのかわからない など

あくまで理想論ではあるが，ビジョンやコーポレートスローガン，パーパスなどを核とした，中長期のストーリーを確立することがその解決になると当社は考える。その際のポイントは以下のとおりだ。

(1) 経営理念も含め，各種ステートメントを今一度，その必要性や体系内における序列や関係性を見直し，整理する
(2) マテリアリティやそれにともなうリスク・機会などを，社外向けの開示物として特定するのではなく，経営課題として議論し，オーソライズする
(3) それらを一貫させた，魅力的なストーリー（ナラティブ）によって描出する

これらのなかで，当社が今後特に重要だと考えているのは（3）の観点だ。各種のガイドラインやフレームワークがInternational Sustainability Standards Board（ISSB）に集約されると推測されるなか，個々の開示項目そのものについては各社横並びになる可能性がある。そうなった際に，それぞれの会社の特

徴を明確に表現し印象づけるには，そもそものパーパスや，未来への視点（ビジョン），社会課題に向かう姿勢や取り組み，そして歴史や風土に至るまでを一貫して語りつくす中長期のストーリーが欠かせないと考えるからだ。

その他のトレンドとしては，Webメディアの重要性がますます高まると見込まれる。統合報告書のオンライン化が進むだけでなく，グローバルサイトを海外投資家向けのメインメディアと位置づける企業も増えていくはずだ。IRカテゴリ下のみならず，ブログコンテンツでの取り組みの訴求や，企業情報カテゴリ下の歴史や強みの紹介を通じて，グローバルサイト全体で投資家を魅了しようとする企業が増えていくだろう。

また，個別のテーマについてより深く丁寧に報告するメディア，例えばTCFDレポートや人権レポートを発行する企業も，これらテーマの重要性を考えるとさらに増加していくと推測される。

3.2　他のステークホルダーに向けた発信

幅広い層に向けた企業ブランディングへの活用

社会からの要請に応えて情報を開示していくだけでなく，サステナビリティを企業ブランディングに活用しようとする動きもさらに活発化していくと思われる。例えば，自社で運営・情報発信するオウンドメディアを通じて，サステナビリティの取り組みやストーリーを発信する企業も増えている。

第1節2項で触れた明治ホールディングス株式会社は，食品メーカーの株式会社明治，製薬会社のMeiji Seikaファルマ株式会社を傘下に持つ持株会社である。例えば同社では，グローバルサイトにおいて「Wellness Stories」と題したオウンドメディアを展開している。「健康にアイデアを」をグループスローガンに掲げる同社は，食と医の2事業で健康に貢献する取り組みを訴求している。持続可能なカカオ豆の調達に向けて15年以上にわたってガーナでカカオ農家を支援する従業員，経済成長著しいベトナムで栄養意識の向上と健康的な食習慣の促進に取り組む従業員などが紹介されている。掲載されている記事・動画群は多様な社会課題をテーマとしており，グループスローガンが人の健康のみならず社会や地球環境の健康，つまりはサステナビリティを視野に入れていることが伝わる構成となっている。また特徴的なのは，健康とサステナビリティに貢献する従業員の思いに焦点を当てている点である。平易な表現を用い，従業員の使命感や思いをイキイキと描き，自社の取り組みを広くステークホルダーに伝えようとする姿勢が見える。グローバルな事業展開を加速するなか，グローバルサイトでサステナビリティコンテンツを拡充し海外でのブランディングを重視していることがわかる。

トヨタ自動車グループの内外装部品メーカーであるトヨタ紡織株式会社も「Team Breakthrough ――挑戦と変革で未来をつくる」というWebサイトで「技術開発」「サステナビリティ」「人」「ものづくり」をテーマに情報発信している。同社がなぜこうした情報発信をするのかという理由を紹介しよう。

「Team Breakthrough ――挑戦と変革で未来をつくる」

記念すべき最初の記事は「Team Breakthrough ――挑戦と変革で未来をつくる」というタイトルに込めた思いを紹介します。「Team（チーム）」とは共通の目的を持った集団のこと。「Breakthrough（ブレークスルー）」とは障壁となっていた事象を突破すること。この2つを組みあわせたTeam Breakthroughは，チーム一丸となってあらゆることに挑戦し，困難や課題を突破し，変革していく。そんな私たちToyota Boshokuの意志を表しています。

Team Breakthroughのために必要なこと。それは，一人ひとりが失敗を恐れず困難や課題に立ち向かうこと。常識にとらわれず今までになかったアイデアでものごとを変えていくこと。つまり，挑戦と変革です。

現在，私たちは「明日の社会を見据え，世界中のお客さまへ感動を織りなす移動空間の未来を創造する」というVisionを掲げ，すべてのモビリティーへ“上質な時空間”を提供することを目指し，すでに世界中の社員が一丸となって，日々，挑戦と変革を重ねています。それでも，「ニューノーマル」として世界が大きく変わる中，社会に役立つ価値を生み出そうとする私たちの前には，さまざまな困難や課題が立ちはだかっています。

もちろん，自分たちの力だけでなんとかできるものばかりではありません。納品先やサプライヤーのみなさんはもちろん，当社グループにはない技術やノウハウ・機能をもった外部の方々などとの協働も必要です。みなさんと共通の目的意識を持って，つまりチームとなって取り組まないといけないと考えています。

そのためには，当社グループが未来をどのように考え，今どんなことに取り組んでいるのかをみなさんに知ってもらう必要があると考えました。このTeam Breakthroughでは「技術開発」「サステナビリティ」「人」「ものづくり」の4つのテーマで定期的に情報を発信していく予定です。

（出所）トヨタ紡織株式会社（https://www.toyota-boshoku.com/jp/teambreakthrough/all/001/）

同社が，ステークホルダーと協力しながら持続可能な社会の実現に向けて取り組もうとしており，そのために未来をどのように考えているのかを伝えようとする姿勢が示されている。

従業員の誇りとロイヤリティの向上

サステナビリティを自社の経営テーマとして推進するためには，前節で論じたように，現場の従業員が理解し「自分ごと」として取り組むことが不可欠である。それゆえ，従業員を主要読者とした統合報告書やサステナビリティ報告書も存在する。

美容室向けヘア化粧品専業メーカーである株式会社ミルボンは，新型コロナウイルス感染症の蔓延する2021年に，統合報告書「Letter編」「Sustainability Report編」を発行した。特に目を引くのが「Letter編」である。従業員とその家族に向けたレターという体裁をとった同報告書は「社員のご家族のみなさまへ」という社長のメッセージから始まる。

ミルボン統合報告書「株式会社ミルボン　統合報告書2021～Letter編～」

この冊子は，社員に代わってミルボンの近況をお知らせし，ご家族のみなさまに少しでもご安心頂きたいという思いからお届けするものです。

お目通しくださいましたら，当社が昨年，コロナ禍という逆境にどのように立ち向かい，影響を最小限に食い止めたのかということ，そして現在はすでにさらなる成長に向かって進み始めているということをご理解頂けるものと思っています。

（出所）株式会社ミルボン（https://www.milbon.com/ja/ir/uploads/docs/20210630_integrated report_letter.pdf）

これによって，従業員の誇りとロイヤリティを高めるということがめざされている。

同社はこの前年に初めての統合報告書を発行している。その制作過程においても従業員の参画を促し，ミルボンの本質的な価値を明らかにし，統合報告書を通じて自社の強みを従業員一人ひとりが理解し語れるようにしたいという背景があったという。特集されているSDGs活動対談では，役員をはじめ全事業部門を対象にして，パートタイマーを含む全従業員向けの勉強会やワークショップを開催したことが報告されている。サステナビリティを従業員に浸透させ，加速させることに本気であることが見てとれる。

サステナビリティの取り組みを加速させることが企業の成長には欠かせないという理解が広まるなか，今後，こうした社内浸透に向けた情報発信がますます増えていくと推測される。

3.3　サステナビリティ・コミュニケーション

多くの企業がグローバルなスローガンやビジョン，パーパスを核とした中長期のストーリーを確立し，それをベースにステークホルダーの多様な関心やリテラシーに応じたコミュニケーション戦略と最適なメディア活用を実現する。それによって投資家をはじめとする国内外のステークホルダーとの対話が活性化し，グローバル市場のなかで日本企業が競争力を高め存在感を発揮していく。それが当社の展望する未来である。

では，具体的にどのようにしてストーリーをつくっていくのか。当社は，従業員が主体となってストーリーを考え，その作成プロセスを通じて社内啓発や浸透を図っていくべきではないかと考えている。

従業員とともに「つくる」

全社，もしくはグループ全体で統一されたストーリーを紡いでいくためには，さまざまな部門間で認識や思考を共有・統合する必要がある。事業のグローバル化がますます進むであろう日本企業においては，文化や商慣習の異なる世界各地の従業員と，めざす価値創造について認識を揃えることも重要である。

こうした統合思考の醸成には，従業員を巻き込み，ストーリーを皆でつくり上げていくプロセスが有効だ。部門間の壁を越えて自分たちが長期的に成し遂げたいことは何なのかを考え，そのために必要な資本をどう増強し，どのような課題を克服すべきなのかを全社的に検討する機会が重要だ。その議論の結果を経営陣と共有し，経営陣が改めて検討のうえ最終的に意思決定する流れが望ましいと考える。

コミュニケーションに「活かす」

ストーリーを練り上げたらそれで完了ではなく，自社のストーリーを社内外にどう伝えるかも取り組みの成否を分けるポイントである。統合報告書はもちろん，前述したWebサイトをはじめとするさまざまなメディアの活用，その他にESG説明会や求職者向けセミナーなどで直接語り掛けていくことも有効だ。

つくり上げたストーリーを機軸に据え，目的と対象に応じた戦略的なコミュニケーション戦略の立案と実践が重要になってくる。サステナビリティ経営が企業評価におけるものさしの一つになりつつある今，サステナビリティ経営に必要なコミュニケーションは一過性のブームではなく，重要な経営課題の一つと言えよう。さまざまなステークホルダーとの関係づくりにおける課題を鮮明にして，より良くするための戦略を練り上げることが求められている。

企業が持続的な成長を実現していくためには，サステナビリティを経営の軸に据え，サステナビリティ・コミュニケーションを円滑に行っていくことが鍵になるであろう。当社は，その支援に向けたサービス力をいっそう強化することで，日本企業の国際競争力の向上に貢献したいと考えている。

ビジネスパーソンの挑戦を応援するオウンドメディア

気候変動や格差などの社会課題について，事業を通じて解決に取り組む企業が近年増えている。いわゆる「ミレニアル世代」や「Z 世代」の若年層は，そうした取り組みへの関心が高い。当社は，彼ら・彼女らが企業活動や消費の中心に移行していくことが，日本社会を大きく変えていくチャンスではないかと考えている。

図表 3-7　Web メディア「Perspectives」のトップページ

（出所）株式会社ブレーンセンター「Perspectives」（https://perspectives.braincenter.co.jp/）

そのような認識のもと，当社では，社会課題解決に挑むビジネスパーソンを紹介する Web メディア「Perspectives」を企画・運営している。さまざまな企業の若手・中堅のビジネスパーソンたちがどのような視点，展望・見通し（Perspectives）を持って社会課題解決に取り組んでいるのか，その思いや意志とともに，到達点に至るまでの困難，手応えなどを紹介するサイトだ。

当社が事業を通じて出会い，共感した人々のストーリーを通じて，サステナビリティへの意識が広がり，より良い未来を切り拓く原動力になることを願ってやまない。

（株式会社ブレーンセンター　住田一真・高見澤昇吾・出路誠）

第 4 章

ESG の定量的且つ相対的な把握の試み

1. はじめに

1.1 本研究の背景，目的

ESG 投資が世界的な潮流となっているなか，企業の ESG 観点での評価の重要性が高まっている。企業はホームページやサステナビリティレポートなどの各種報告書等により ESG 情報を開示し，ESG 評価機関やメディアなどの評価者はそれらの開示情報あるいはアンケート等による非開示情報を収集し分析して ESG 評価を行っている。

しかしながら，記述的表現においては，図表 4－1 に示す通り開示する企業

図表 4－1 企業による印象操作の類型化

印象操作の類型		情報の種別	操作の種別	具体的内容
隠蔽	ネガティブな結果を曖昧にする	テキスト	見せ方	文章を読みづらくする（可読性を下げる）
		テキスト	見せ方	巧みな表現で説得力を高める
	ポジティブな結果を強調する	テキスト	情報選択	ポジティブな話題を選択する
		テキスト／数値	見せ方	ビジュアル，情報の順序・掲載場所を工夫する
		数値	情報選択	比較対象を工夫する
帰属		テキスト	情報選択	良いパフォーマンスは自社要因に帰属させ，悪いパフォーマンスは外部環境要因に帰属させ説明する

（出所）林寿和（2018）「開示情報量と企業による印象操作が ESG 評価に及ぼす影響についての一考察」『日本経営倫理学会誌第 25 号』日本経営倫理学会，112 頁

によって「印象操作」が行われる余地があり，ESG評価者が実態以上に高く評価してしまう可能性がある（林，2018）[1]。また評価者が定性情報を読み取り点数付けをする評価は，評価者の主観的判断を完全に排除することはできない。さらに各企業自身も自社の取り組みの相対的なレベルを把握することが困難となっている。

企業を評価するうえで，また企業がESG経営を進めるうえでも，企業のESGへの取り組み状況とそのパフォーマンスの可視化が重要となっているが，定性情報は前述の通り課題があるため，本研究では，各社がESGの取り組みを推進した結果・成果である定量情報に着目して企業の取り組み状況の可視化を試みた。定量情報は，現状では主に各社が自社の過去のデータを基にした基準値や目標値等と比較する自社比での評価に用いられているが，その情報を用いて第三者が評価する場合は，まずそれらの基準値や目標値の妥当性の検証が必要となってくる。そこで定量情報を用いてESGの取り組み状況を表す評価指標を設定し，開示されている各企業の定量情報を基に企業間の相対評価により各企業の取り組み状況を可視化する。

1.2　先行研究

企業のESG評価に関する研究としては，主にESGと財務パフォーマンスとの関係に関する研究，非財務情報の情報開示に関する研究，および評価手法に関する研究がある。

(1) ESGと財務パフォーマンスの関係に関する先行研究

ESGと財務パフォーマンスとの関係については，理論研究，実証研究がある。

長谷川（2018）[2]は，ESGと財務業績の関係について，負の関係にあるとする“トレードオフ理論”，ESGパフォーマンスは良いマネジメントを示す指標であると考えこれが財務業績を高めるという“良いマネジメント理論”，財務的に余裕がある企業がより積極的にESGに取り組む“余剰資源理論”，余剰資源を有する企業がESGにより積極的に取り組みその結果財務業績を高める

“好循環論” と整理している。

また，大浦（2017）[3]は，CSR と財務パフォーマンスの関係についての先行実証研究を概観し，負の関係，関連がない，正の関係のそれぞれの研究を取り上げている。

(2) 非財務情報の情報開示に関する先行研究

非財務情報は，コーポレートガバナンス・コード[4]の中で「経営戦略・経営課題，リスクやガバナンスに係る情報等」と定義づけられているが，具体的にどのような情報かは明確となっていない。大鹿（2015）[5]は，企業価値との結びつきのある非財務情報をどのように選択すべきか，という点について実証分析を用いて検討し，株主総会に関する情報，環境に関する情報，従業員に関する情報の 3 種類の開示項目を，非財務情報として開示すべき具体的な KPI として提案している。

近年 ESG（非財務）情報の開示に関する基準等が相次いで策定され，また収斂の動きが見られるものの，林（2019）[6]は，「開示基準等が乱立していると感じている実務家が多いのも事実である」としている。また前述の通り「記述的表現」は，開示する企業によって「印象操作」が行われる余地があると課題提起している。

(3) 評価手法に関する先行研究

加賀田（2004）[7]は，持続可能性側面による企業評価の課題として，「経済・環境・社会といったそれぞれの領域において異なった単位で算定される各項目をどのような比率で，すなわちどのようなウエイトづけをして，総合的な持続可能性評価に結び付けていくのか」，「企業の社会性を，一体どのような基準で評価するのか」，「評価のために行われるデータ加工，定量化のプロセスなどによって評価結果が変わってしまうという定性要因の定量化の問題が生じる可能性がある」などを挙げている。

越智（2019）[8]は，「比較可能な ESG 評価情報は ESG 投資の活性化を通じ市場規律の向上に資するとの観点から，比較可能な ESG 評価の可能性と課題」について論じている中で，AI による評価にも触れており，ブラックボックス化や情報量の少ない中小企業を適切に評価できない等の課題があるとしている。

1.3　ESG情報開示，ESG評価の現状と課題

国際的なESG投資への関心の高まりを背景に，E（環境），S（社会），G（ガバナンス）の取り組みに関する非財務情報の開示が求められてきており，そのための開示基準・ガイドラインも相次いで制定され導入されている。

一般財団法人企業活力研究所の「新時代の非財務情報開示のあり方に関する調査研究報告書」（2018）[9]によると，主要な非財務情報開示に関するガイドラインは図表4-2の通り。

このように，企業がESG情報を開示するにあたり参照する基準は複数存在しており，これら開示基準が複数存在していることによって，どの基準を参考にすべきかが不明確となり，複数の基準に対応する企業の負担も大きい。一方投資家側も，企業が異なる基準を用いて情報開示している場合それらを比較することが難しい。また原則主義および細則主義の問題もあり，細則主義であれば企業間の比較は容易となるが，企業固有の特徴が反映されず，原則主義であればその逆となる。さらに情報過多となる懸念もある（経済産業省，2007）[10]。

なお2021年6月，IIRCとSASBは合併し，新団体「Value Reporting Foundation」の傘下に入った。さらに，Value Reporting Foundation（VRF）とCDSBはIFRS財団に統合され，IFRS財団は2021年11月に国際サステナビリティ基準審議会（ISSB）の設立を発表した。乱立とも言われたサステナビリティ情報の開示基準が収斂する動きがみられる。

これらの開示基準と同様に，ESG評価においても，“乱立”とも呼べる複数のESG評価が存在する。主要なESG評価を図表4-3に示す。

前述の通りそもそも世界的に統一された開示基準がなく，また同様に統一された評価基準もない状態で，各評価機関はそれぞれ独自の評価基準および評価手法を設定して評価を行っている。各評価機関の独自ノウハウにより評価している部分が多く，年金積立金管理運用独立行政法人（GPIF）の2019年度ESG活動報告におけるFTSE社とMSCI社とのESG評価の相関分析による

図表 4－2　主要開示ガイドラインの一覧

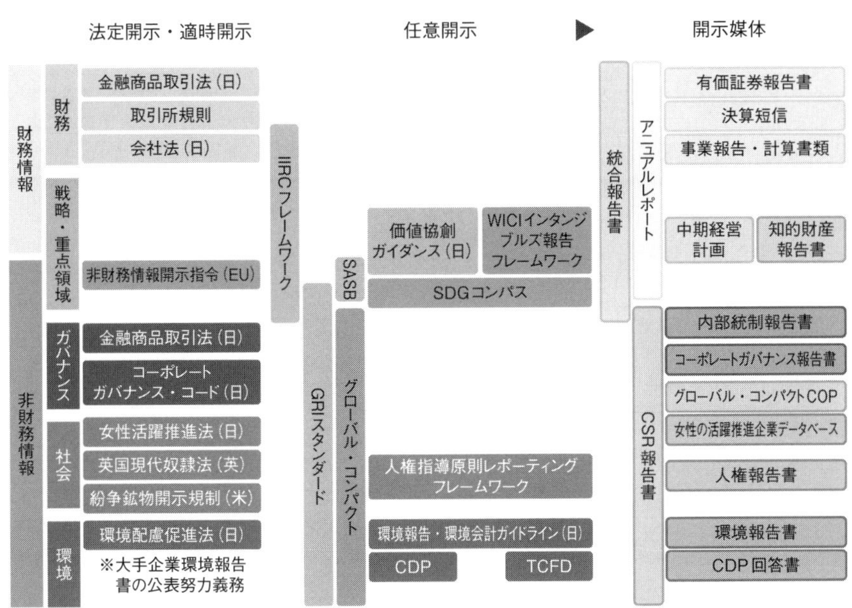

（出所）一般財団法人企業活力研究所編・刊（2018）「新時代の非財務情報開示のあり方に関する調査研究報告書（概要版）」 11頁

と，ESGスコアおよびEスコアにはある程度の正の相関関係が確認されるものの，SスコアおよびGスコアに関しては明確な相関関係は確認されなかったとしている。

以上，先行研究，およびESG情報開示とESG評価の現状から，ESG情報開示およびESG評価における課題を以下の通り整理できる。

①比較困難

複数の開示基準は収斂する動きがあるものの具体的な内容は検討段階であり，また原則主義の場合は，企業間の比較が難しい。

②印象操作

記述的情報の開示においては，前述の図表4－1に示す通り，巧みな表現で説得力を高める，ポジティブな話題を選択する等の印象操作により企業評価

図表4-3　主要なESG評価

評価機関	情報源	カバー企業数	格付け評価方法
MSCI	政府やNGO等のデータ，企業自身の公開情報，メディアによる報道，企業への聞き取り調査	7,000	1. 各産業のキーイシューに対し企業毎に「リスクエクスポージャー」と「リスク管理」の視点から0-10で点数付け 2. 上記で算出した2つのスコアを合成し，「キーイシュー・スコア」を求め，それを基に重みづけをした加重平均スコアからESGスコアを決定 3. 同じ産業カテゴリに所属する企業の中での順位によって相対的評価を7段階で付与（AAAからCCCまで）
FTSE	企業の公開情報（有価証券報告書，定款，統合報告書，ウェブサイト等）のみ	4,100	1. 企業の特性に応じてテーマ毎にエクスポージャーを特定 2. テーマ毎に企業のスコアを算出（適用項目ごとに対応度合を0-2点で点数化し，その合計点を基に得点率を求める） 3. ESGスコアを算出
CDP	各社に送付したアンケートへの回答結果を用いてレーティング	8,400	「情報開示」「認識」「マネジメント」「リーダーシップ」の4つのレベルに分けて採点され，最終的に各レベルでの得点率を用いて「A」～「D－」の8段階で評価

（出所）各種資料から筆者作成

に影響を及ぼす懸念がある。

③評価のブラックボックス化

評価方法はある程度公開されているが，すべてが開示されているわけではない。また非開示情報を収集しそれを基に評価するケース，あるいはAIなどを活用して評価するケースなどは評価のブラックボックス化が避けられない。また，点数付けは定性要因の定量化の問題を内包しているとともに，定性情報の評価基準は各評価機関が独自に設定しているが，その基準の設定によっては評価者の主観を完全には排除できない。

④対象企業数

評価者による点数付けでは，評価できる企業数に限界がある。日本には270万社近くの法人があるが，MSCIやFTSEで評価される企業のうち日本企業は約200社程度であり，全体の0.01％程度しか評価されておらず，ESG投資家にとってもESG経営を進めようとする企業側にとっても不十分である。

⑤評価の視点

主に投資家の投資戦略に活用されるため，投資家目線での評価となっており，投資家以外のステークホルダーにとって活用しにくい。

概観した通り，ESG評価における先行研究では，印象操作，定性要因の定量化の問題およびブラックボックス化が指摘されてきた。さらに現状のESG評価機関における評価では，評価者の主観によるバイアスという問題なども懸念される。そこで，本研究では，これらの課題を克服することを目的に，ESGの定量的且つ相対的な把握の方法を提起し，その妥当性を検証する。

2. ESGの定量的且つ相対的な把握の方法

前述のESG情報開示およびESG評価の課題を鑑みて，開示されている定量情報のみを用いることで印象操作や定性要因の定量化の問題およびブラック

図表4－4　SDGsとESG経営

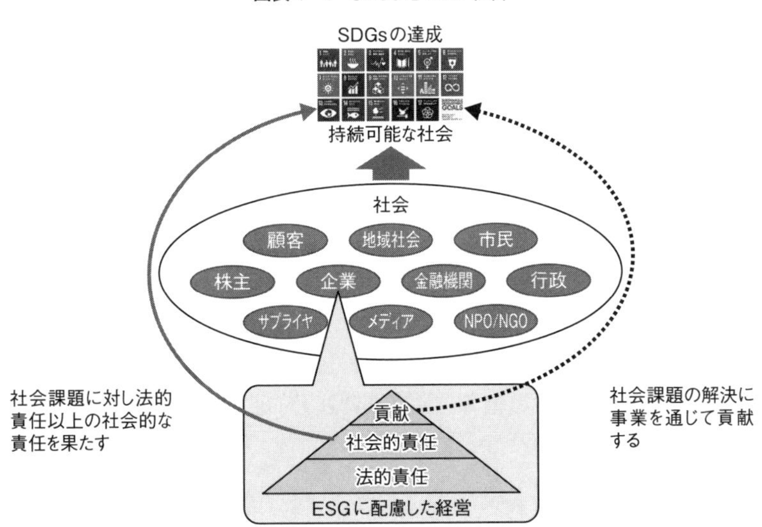

（出所）各種資料を基に筆者作成

ボックス化を回避し，主観が入る可能性がある評価者による点数付けではなく企業間の相対的な比較を基に，より多くの企業を対象とすることを念頭に置いた，ESGの定量的且つ相対的な把握方法の確立と検証を行う。

なおESGに配慮した経営には，図表4－4の通り社会課題の解決に事業を通じて貢献する考え方と，社会課題に対し法的責任以上の社会的な責任を果たす考え方の大きく2つの考え方がある。前者については，その成果（パフォーマンス）は企業のコントロールが難しく，定量的な評価も困難である。現在，社会的インパクト評価やSDGインパクトなどでその評価やマネジメントの手法が検討されている。一方後者の成果（パフォーマンス）は企業の社会的責任としてコントロールすべきものであり，定量化も比較的容易であることから，本研究では後者に着目し，その評価手法を提起する。

2.1　評価対象とするサンプル企業の選定

以下の条件に当てはまる企業を本研究における評価対象とし，サンプル企業として47社を抽出した。

・比較的情報開示が進んでいる「電気機器」の企業。

・本評価の妥当性検証（第3節参照）のため，東洋経済CSRランキングにおいて過去5年間（2015～2019年度評価）で500位以内の企業。ただし，5年間のランクの変動が有意に大きい企業は，検証に用いるには懸念があるため除外する。

・財務業績との関連も調査するため，同期間において財務情報が開示されている企業。ただし，5年間の利益の変動が有意に大きい企業は，財務業績との関連性の検証に用いるには懸念があるため除外する。

2.2　評価対象とする定量情報，評価指標の特定

ESGの取り組みは各社で方針や重点を置く項目，特定するマテリアリティが区々である。しかし本研究では社会から求められる社会的責任をどの程度果たしているかという観点で企業間の比較評価を行うことを念頭に，共通的に果

たすべき社会的責任として2010年に制定されSR（社会的責任）の国際規格としてコンセンサスが得られているISO26000を評価の枠組みとした。ISO26000は社会的責任を「企業統治・人権・労働慣行・環境・公正な事業慣行・消費者課題・コミュニティへの参画及びコミュニティの発展」の7つの中核主題で整理しており，各中核主題にて「関連する行動及び期待」を規定している。この「関連する行動及び期待」を表すと考えられる定量情報，評価指標を“ESGの取り組み状況を表す指標”として設定する。

定量情報は，企業間の比較評価を行う目的から，できるだけ多くの企業で開示されている定量情報を用いる。また複数の企業で，自社の開示情報とGRIおよびISO26000の中核主題とを対照した表を作成しており，またこれと併せ「やさしい社会的責任―ISO26000と中小企業の事例―」におけるISO26000の各項目に対する取り組み事例等を参考に，ISO26000の各中核主題の「関連する行動及び期待」に対応する定量情報として，以下の図表4-5の通り特定した。

図表4-5　ISO26000の各中核主題に対応した定量情報

ISO26000		（参考）GRI	定量情報
中核主題	関連する行動及び期待		
6.2　組織統治	− これまでその組織で上級職への就任が足りなかったグループに対して公平な上級職への昇進の機会を促進する。 − その組織を代表して決定を行う人々の権限，責任及び能力のレベルのバランスをとる。 − その組織の統治プロセスを定期的に確認し，評価する。〈後略〉	102-18　ガバナンス構造 102-24　最高ガバナンス機関の指名と選出 102-28　最高ガバナンス機関のパフォーマンスの評価	女性管理職比率 女性役員比率 社外役員比率 内部通報数
6.3　人権			
6.3.3 課題1：デューディリジェンス	− その組織全体に人権方針を統合するための手段	412-2　人権方針や手順に関する従業員研修	人権研修
6.3.4 課題2：人権が脅かされる状況	組織は，人権尊重という目的が実際に達成されるよう，自らの行動の潜在的な結果について考慮すべきである。〈後略〉		人権違反件数
6.3.5 課題3：加担の回避	− 購入対象となる物品及びサービスが生産される社会的及び環境的条件について把握しておくべきである。	408-1　児童労働事例に関して著しいリスクがある事業所およびサプライヤー 409-1　強制労働事例に	サプライヤーセスメント

		関して著しいリスクがある事業所およびサプライヤー	
6.3.7 課題5 ：差別及び社会的弱者	女性の権利を尊重し，経済的，社会的及び政治的分野における男女平等を推進 障がい者（男女とも）に尊厳，自立性及び社会への全面的な参加 人種を根拠とした差別をなくす その他の社会的弱者の差別をなくす	405-1　ガバナンス機関および従業員のダイバーシティ	女性比率 障がい者雇用率 外国人雇用 高齢者雇用
6.4　労働慣行			
6.4.3 課題1 ：雇用及び雇用関係	－ 法の下では，雇用関係であると認められる関係を偽って，法が雇用主に課している義務を回避しようとしない。 － 個々の労働者及び社会の両方にとって安定した雇用の重要性を認識する。〈後略〉	401-1　従業員の新規雇用と離職	離職率 平均勤続年数 従業員数 正規雇用率
6.4.4 課題2 ：労働条件及び社会的保護	－ 賃金，労働時間，週休，休日，安全衛生，母性保護及び業務上の責任と家族的責任を両立する能力に関してディーセントな労働条件を与える。 －〈前略〉また，労働者に週休及び年次有給休暇も与えるべきである － 妥当な労働時間，育児休暇，〈中略〉家庭における労働者の責任を尊重する。	401-3　育児休暇	平均給与 有休取得率 平均労働時間 育児休暇取得率
6.4.5 課題3 ：社会対話	－〈前略〉正式に指定された労働者代表に，権限をもつ意思決定者へのアクセス，〈中略〉並びに代表者がその組織の財政及び活動に関して正確で公正な状況を把握することを可能にする情報へのアクセスを与える。		組合組織率
6.4.6　課題4 ：労働における安全衛生	－ あらゆる安全衛生の偶発事象及び問題を最少化又は除去するために，それらの偶発事象及び問題を記録し，調査する。	403-2　危険性（ハザード）の特定，リスク評価，事故調査	労災件数
6.4.7　課題5 ：職場における人材育成及び訓練	－〈前略〉平等に差別なく，技能開発，訓練及び実習を利用する機会，並びにキャリアアップする機会を与える － 健康及び福祉を推進する労使合同プログラムを確立する。	404-1　従業員一人当たりの年間平均研修時間	従業員教育 健康関連情報
6.5　環境			
6.5.3 課題1 ：汚染の予防	－ 重大な汚染源及び汚染の軽減，水消費量，廃棄物生成，並びにエネルギー消費量に関して，測定，記録及び報告を行う。 － 現実の及び潜在的な汚染排出及び廃棄物，関連する健康リスク，並びに現実の及び考えられる汚染緩和策に関して，地域コ	305-7 窒素酸化物（NOx），硫黄酸化物（SOx），およびその他の重大な大気排出物 306-2　種類別および処分方法別の廃棄物	大気汚染物質排出量 廃棄物排出量， リサイクル率， 環境関連表彰

	ミュニティとともに取り組む。 －〈前略〉自らのコントロール又は影響力内で，直接的及び間接的な汚染を段階的に削減し最小化する対策を実施する。	306-3　重大な漏出	環境事故
6.5.4 課題2 ：持続可能な資源の利用	－ エネルギー，水，その他資源の顕著な使用に関して，測定，記録及び報告を行う。 － 再生不可能な資源を，可能な場合，持続可能で，再生可能で，かつ影響の低い代替資源で補完し，又はそうした代替資源に置換する。	301-1　使用原材料の重量または体積 303-3　取水 303-4　排水 302-1　組織内のエネルギー消費量	紙の使用量 電力・エネルギー使用量 水の使用量 排水量 再生可能エネルギー 再生材 再商品化
6.5.5 課題3 ：気候変動の緩和及び気候変動への適応	－ 国際的に合意された基準で規定されている方法をできる限り用いて，顕著なGHG排出に関して，測定，記録及び報告を行う － 自らのコントロールの範囲で，直接的及び間接的なGHG排出を徐々に削減し最小化する最適な対策を実施し，自らの影響力の範囲で同様の行動を促進する。	305-1　直接的な温室効果ガス（GHG）排出量（スコープ1） 305-2　間接的な温室効果ガス（GHG）排出量（スコープ2）	CO_2排出量 各段階でのCO_2排出量
6.5.6 課題4 ：環境保護，生物多様性，及び自然生息地の回復	－ 生物多様性及び生態系サービスに及ぼす潜在的悪影響を特定し，それらの影響を排除又は最小限に抑える対策を講じる。	304-3 生息地の保護・復元	生物多様性 環境保全活動
6.6　公正な事業慣行			
6.6.3 課題1 ：汚職防止	－〈前略〉自らの従業員，パートナー，代表及び供給者に対して，その組織の方針に対する違反，並びに非倫理的処遇及び不公平な処遇を報告するよう促す。	205-3　確定した腐敗事例と実施した措置	相談件数
6.6.4 課題2 ：責任ある政治的関与	－ 特定の立場に有利になるように，〈中略〉政治献金を行わない。		政治献金額
6.6.6 課題4 ：バリューチェーンにおける社会的責任の推進	－〈前略〉自らの購入，流通及び契約に関する方針及び慣行に，倫理的基準，社会的基準，環境的基準及び男女の平等に関する基準，並びに安全衛生を統合する。 － 他の組織に対し，同様の方針を導入するよう促す。ただし，その過程で反競争的行為を行わない。	308-1　環境基準により選定した新規サプライヤー 308-2　サプライチェーンにおけるマイナスの環境インパクトと実施した措置	グリーン購入率 サプライヤーセスメント，監査
6.6.7 課題5 ：財産権の尊重	－ 自らの知的及び物的所有権を行使し保護するときに，社会の期待，人権，及び個人の基本的ニーズを考慮する。		従業員の発明への正当な対価の補償

6.7　消費者課題			
6.7.3 課題1：公正なマーケティング，事実に即した偏りのない情報，及び公正な契約慣行	− 要求に応じて，根拠となる事実及び情報を提示することによって，要求又は主張を立証する。	417-3　マーケティング・コミュニケーションに関する違反事例	法令違反
6.7.4 課題2：消費者の安全衛生の保護	− ある製品が予想しなかった危険性が市販開始後に現れた場合，〈中略〉そのサービスを停止するか，又はまだ流通網にある全ての製品を回収するのがよい。〈後略〉 − 消費者に製品の適切な使用方法を指示し，意図された用途又は通常予想可能な用途に付随する危険性を消費者に警告する。	416-2　製品およびサービスの安全衛生インパクトに関する違反事例 417-1　製品およびサービスの情報とラベリングに関する要求事項	製品の事故 製品の安全性情報
6.7.6 課題4：消費者に対するサービス，支援，並びに苦情及び紛争の解決	−〈前略〉所定の期間内に製品を返品するか又はその他の適切な救済策を受けるかの選択肢を提供し，苦情防止策を講じる	419-1　社会経済分野の法規制違反	顧客満足度
6.7.7 課題5：消費者データ保護及びプライバシー	− 十分な安全保護策によって個人データを保護する。	418-1　顧客プライバシーの侵害および顧客データの紛失に関して具体化した不服申立	セキュリティインシデント
6.7.8 課題6：必要不可欠なサービスへのアクセス	− 料金不払いに対し，〈中略〉必要不可欠なサービスを打ち切らない。〈後略〉		社会的弱者などを対象とした割引制度
6.8　コミュニティへの参画及びコミュニティの発展			
6.8.3 課題1：コミュニティへの参画	− 公共の利益及びコミュニティの発展目標に貢献することを目的とし，可能かつ適切な範囲で地域団体に参加する。 − 地域社会活動のボランティアになるよう人々を促し，支援する。	203-1　インフラ投資および支援サービス	社会貢献活動，活動費 ボランティア休暇取得数
6.8.5 課題3：雇用創出及び技能開発	− 自らの投資決定が雇用創出に及ぼす影響を分析する。〈後略〉	202-2　地域コミュニティから採用した上級管理職の割合	海外重要ポジションに占める現地化比率
6.8.9 課題7：社会的投資	−〈前略〉食糧，その他の必需品を，これらの集団及び個人に提供するプログラムへの協力を検討する。		寄付額

（出所）JISZ26000：2012 社会的責任に関する手引（ISO 26000：2010）を基に筆者作成

これらの定量情報を，対象とした電気機器47社のホームページ，CSR報告書，アニュアルレポート，有価証券報告書などから抽出した。なお，社会的・経済的に大きな変化をもたらした新型コロナ感染症の影響を考慮し，その影響が比較的小さい2019年度データが掲載されている2020年度版の報告書を中心に参照してデータを抽出した。

抽出した結果，開示している企業が少数である（内部通報数，製品の事故など），開示内容が各企業で区々となっており定まっていない（健康関連情報，社会貢献活動など）等から，企業間の比較が困難な定量情報が複数存在した。それら比較困難な定量情報を除き，全47社中で約3分の1となる15社以上が開示している定量情報を特定した。さらにこれら定量情報を基に評価指標を設定するにあたり，企業規模による影響を排除し相対比較を可能とするため，例えばCO_2排出量は，売上高金額で除した「売上高当たりのCO_2排出量」を評価指標とする。以上の考え方を基に，企業間の定量的な相対比較に用いたISO26000の各中核主題に対応する評価指標と各指標における意味を以下の図表4－6の通り設定した。

図表4－6　ISO26000の各中核主題に対応する評価指標と各指標における意味

<table>
<tr><th>ISO26000中核主題</th><th>評価指標</th><th>単位</th><th>意味</th></tr>
<tr><td rowspan="3">6.2　組織統治</td><td>女性管理職比率</td><td>%</td><td rowspan="3">ガバナンス層において，多様性，および客観性を確保しているか。</td></tr>
<tr><td>女性役員（取締役，監査役）</td><td>%</td></tr>
<tr><td>社外役員（取締役，監査役）</td><td>%</td></tr>
<tr><td colspan="4">6.3　人権</td></tr>
<tr><td rowspan="2">6.3.7 課題5：差別及び社会的弱者</td><td>女性比率</td><td>%</td><td rowspan="2">性別や障がい等による差別をなくし，社会的弱者を積極的に雇用しているか。</td></tr>
<tr><td>障がい者雇用率</td><td>%</td></tr>
<tr><td colspan="4">6.4　労働慣行</td></tr>
<tr><td rowspan="4">6.4.3 課題1：雇用及び雇用関係</td><td>営業利益当たり従業員数</td><td>人/営業利益</td><td>営業利益を“雇用できる力”とみなし，雇用できる力に対して，積極的に雇用しているか。</td></tr>
<tr><td>離職率</td><td>%</td><td rowspan="3">安定的・継続的な雇用を創出しているか。また会社にとっても安定したリソースとノウハウを確保しているか。</td></tr>
<tr><td>平均勤続年数</td><td>年</td></tr>
<tr><td>正規雇用率</td><td>%</td></tr>
</table>

6.4.4 課題2：労働条件及び社会的保護	平均給与	百万円	従業員の生活の質，ワーク・ライフ・バランス等に配慮した労働条件，労働環境を提供できているか。
	有休取得率	%	
	平均労働時間または平均残業時間	H	
	育児休暇取得率	%	
6.4.6 課題4：労働における安全衛生	労災件数（度数率または強度率）		労働災害を抑制し，安心安全な職場環境を確保できているか。
6.4.7 課題5：職場における人材育成及び訓練	従業員教育（時間または金額）	H 円/人	従業員の能力向上，キャリアアップを支援しているか。
6.5　環境			
6.5.3 課題1：汚染の予防	売上当たり大気汚染物質排出量（NOx＋SOx）	t/売上	企業規模に対する大気汚染物質の排出量を抑制しているか。
	売上当たり廃棄物排出量	t/売上	企業規模に対する廃棄物の排出量の抑制，およびリサイクルを進めているか。
	リサイクル率 （最終処分量/排出量）	%	
6.5.4 課題2：持続可能な資源の利用	売上当たりエネルギー使用量	GJ/売上	企業規模に対するエネルギーの使用を抑制しているか。
	売上当たり水の使用量	千 m^3/売上	企業規模に対する水の使用，排水を抑制しているか。
	売上当たり排水量	千 m^3/売上	
	再生可能エネルギー利用率（再生可能エネルギー（GJ）/全エネルギー（GJ））	%	全エネルギーに対する再生可能エネルギーの割合を増やしているか。
6.5.5 課題3：気候変動の緩和及び気候変動への適応	売上当たり CO_2 排出量（Scope1＋2）	t-CO_2/売上	企業規模に対するCO2の排出を抑制しているか。サプライチェーンを含め炭素リスクを低減した事業構造に転換しているか。
	売上当たり CO_2 排出量（Scope3）	t-CO_2/売上	
6.8　コミュニティへの参画及びコミュニティの発展			
6.8.3 課題1：コミュニティへの参画	営業利益当たり社会貢献活動費	円/営業利益	営業利益を“社会に貢献できる余力”とみなし，社会に貢献できる力に対して，積極的に活動しているか。

（出所）筆者作成

2.3 偏差値を用いた相対比較

偏差値化することで，各社のパフォーマンスの相対的な位置関係が明らかになるとともに，異なる単位体系をもつ指標間の優劣や全体傾向を把握することができることから，前述の評価指標ごとに各社の開示データを集計し，平均と分散を算出して，各社の評価指標ごとの偏差値を求めた。図表 4－7 にその一例を示す。なお，例えば「売上当たり CO_2 排出量（Scope1＋2）」など値が小さい方が望ましい指標は，算出された偏差値を 100 から減じた値を用いる。

図表 4－7　偏差値を用いた相対比較例

ISO26000	評価指標	単位		A 社	H 社	J 社	…		平均	分散
6.2　組織統治	女性管理職比率	%		6.4	6.9	15.2	…		4.33	3.22
6.5　環境	売上高当たりの CO_2 排出量 (Scope1＋2)	t-CO_2/売上		0.21	0.35	0.17	…		0.61	0.80

↓偏差値化

ISO26000	評価指標	単位		A 社	H 社	J 社	…
6.2　組織統治	女性管理職比率	%		56.4	58.0	83.7	…
6.5　環境	売上高当たりの CO_2 排出量 (Scope1＋2)	t-CO_2/売上		55.1	53.4	55.6	…

（出所）筆者作成

3. 偏差値による相対比較結果

各社の開示データを基に評価指標ごとに偏差値を求めたうえで，それらの偏差値を評価項目ごとの“相対スコア”とみなして，ISO26000 の項目ごとに各評価指標の偏差値をまとめた。さらに，各指標の偏差値を平均して各社の偏差値全体平均を“総合相対スコア”として算出した（図表 4－8 参照）。ただし，全体平均の算出にあたっては，定量情報の開示が少ない企業においては，一部

図表4－8　各社の偏差値

	6.2 組織統治	6.3 人権	6.4 労働慣行			6.5 環境			6.8 コミュニティへの参画およびコミュニティの発展	全体平均（総合相対スコア）
			雇用	労働条件	安全，人材	汚染予防	資源	気候変動		
A社	55.6	43.5	52.1	48.3	54.4	54.8	54.1	55.1	43.6	51.8
B社	48.6	47.7	53.9	42.3	60.2	50.8	54.1	54.0		50.9
C社	41.9	50.4	53.6	64.3	58.0	56.7	50.4	55.6		53.3
D社	55.7	49.9	45.9	42.7	55.4	44.7	55.2	43.4		49.4
E社	51.2	44.3	50.1	40.8	35.9	31.4	38.1	32.0		41.7
F社	49.9	65.2	48.2	53.3	37.0	55.0	58.8	54.6	52.7	53.8
G社	48.6	41.6	49.7	53.3	41.3	55.5	52.7	55.1		50.6
H社	50.9	60.9	50.8	54.7	52.7	52.9	52.3	53.4		53.2
I社	48.7	67.6	41.3	51.1	35.2	44.5	57.2	56.6	49.5	49.7
J社	73.4	56.0	48.4	62.2	59.9	56.7	54.0	55.6	42.5	57.0
K社	64.0	48.0	49.0	53.1	39.1	39.0	50.4	51.6		51.1
L社	50.2	48.1	49.3	52.9	58.0		54.6	55.2		51.8
M社	48.5	41.0	43.7	46.7		45.4	49.8	47.5		46.3
N社	46.4	51.1	49.4	54.5	51.2	50.2	37.6	45.8		48.3
O社	46.8	44.2	49.2	49.3	60.2	57.2	51.1	56.1	64.8	50.8
P社	54.5	48.4	49.8	58.6	48.6	44.5	51.4	55.2	47.8	50.8
Q社	47.4	45.3	48.8	50.0	57.8	53.7	53.0	49.6	74.7	51.7
R社	47.7	55.8	48.1	47.0	47.1	48.6	46.9	49.3	44.3	48.4
S社	53.8	44.7	54.4	45.2	56.7	45.5	42.3	45.4	38.9	47.7
T社	43.2	41.3	51.6	65.2	42.8	56.2	52.3	56.1	39.8	51.6
U社	60.9	48.7	54.2	62.9	48.7	34.1	50.7	46.9	55.5	51.9
V社	37.9	45.5	50.5	50.9	58.0	54.4	51.5	52.2		49.4
W社	58.8	48.6	52.7	52.3	54.7	56.2	54.5	54.8	47.2	54.0
X社	47.5	57.2	47.2	42.7	57.5	54.3	48.3	51.1		49.0
Y社	44.9	52.0	50.2	44.9	47.8	52.0	52.0	34.5	44.7	47.3

（出所）筆者作成

の定量情報による偏差値の影響が大きくなるため，各社にて開示されている定量情報の数の中央値（18）以上の定量情報を開示している企業のみを全体平均算出の対象とした。それが図表4－8の25社である。

各社の全体平均によって得られた相対評価の結果について，その妥当性の検証のため，東洋経済新報社のESG企業ランキング総合ポイントを用いて，総合ポイントとの相関からの検証，および財務パフォーマンスとの相関からの検証を行った。

3.1　ESGランキング総合ポイントとの相関からの検証

今回の評価対象企業は日本国内の企業のため，日本最大級のCSRデータベースを持ち，環境，社会性，企業統治，人材活用の4分野でCSRの評価を行っている東洋経済新報社の評価を基に検証する。この評価においては，アンケート調査による回答を基に，5段階評価の格付けと100点満点の得点を作成しており，また原則として全項目加点方式でネガティブデータによる減点はなく，一部の項目では数値の優劣にかかわらず有効回答があったことに対し加点している。2016年からはその評価データを使いESGに優れた銘柄選びも開始した。それがESG企業ランキングである[11]。本研究で試行している評価方法

図表4－9　各社の偏差値全体平均との相関

	偏差値全体平均（総合相対スコア）	2020ESG総合ポイント	売上高	営業利益	売上高営業利益率	1株益
A社	各社における各評価指標の偏差値の全体平均	各社の総合ポイント	各社の2019年度の売上高	各社の2019年度の営業利益	各社の2019年度の売上高営業利益率	各社の2019年度の1株益
B社						
C社						
～						
X社						
Y社						
相関係数		0.61	0.49	0.50	-0.11	0.30

（注）一部で第5回ESG企業ランキングでの総合ポイントがない企業があるため，第4回ESG企業ランキングでの総合ポイントを代用した。

（出所）筆者作成

図表4－10　偏差値全体平均とESG企業ランキング総合ポイントの関連性

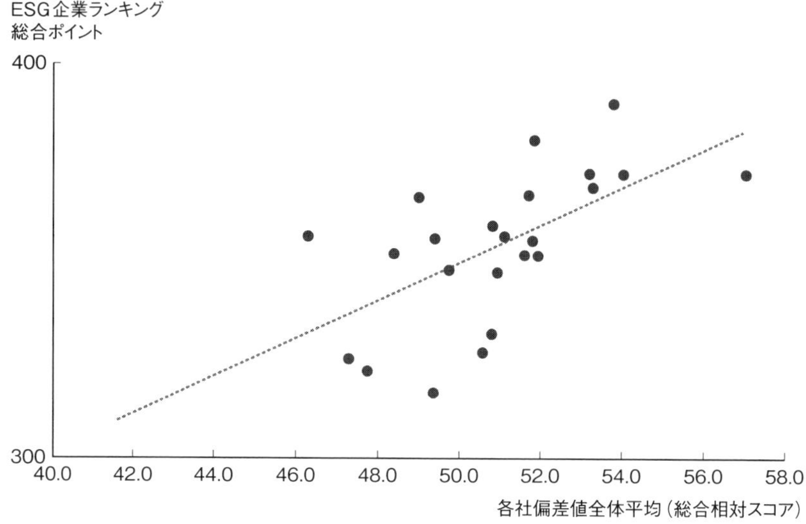

（出所）著者作成

は定量情報の大小のみによる相対評価であり評価方法が異なることから，妥当性の検証に用いることとした。今回の検証では，2020年10月に公表された東洋経済ESG企業ランキング（第5回）を活用することとする。

図表4－9に，偏差値の全体平均と，東洋経済ESG企業ランキング総合ポイント，および2019年度の各種財務情報との相関係数を示す。

今回は各社の全体平均においては評価項目間の重みづけ等は行っておらず，単純な平均ではあるが，東洋経済ESGランキング2020の総合ポイントとの相関係数は「0.61」と，ある程度相関が見られた（図表4－10）。

3.2　財務パフォーマンスとの相関からの検証

財務パフォーマンスとの相関から先行研究で示されている関係性の有無を検証する。財務パフォーマンスである売上高および営業利益と，各社の偏差値全体平均（総合相対スコア）との相関はそれぞれ「0.49」，「0.50」と，弱いながらもある程度相関が見られた。企業規模が大きく体力があるほどESGへの取り組みが推進される「余剰資源理論」，あるいは「良いマネジメント理論」の考えと一致していると考えられる。

しかし収益性の指標である売上高営業利益率との相関は「−0.11」，一株益との相関は「0.30」といずれも相関が見られなかった。各評価項目のパフォーマンスを改善するには，労働条件の改善や環境対応，社会貢献など，ある程度コストをかける必要があり，利益の極大化ではなく様々なステークホルダーに配慮した付加価値分配を行うため，短期的な利益に現れにくいことから，“コストを抑え，いかに効率よく利益を得るか”を表す売上高営業利益率などの収益性の指標との相関は低いと考えられる。

4. 本評価手法に関する考察

4.1　定量的且つ相対的評価手法の有用性

本研究による定量的かつ相対的な評価手法は，以下の（1）〜(3）に挙げられるような有用性があると考える。

(1) 定量情報のみによる機械的な相対評価でもESGの取り組みの程度を評価できる。

各社が公表する定量情報を機械的に当てはめ，相対的な評価として偏差値を算出した。評価項目ごとに重みづけせず単純に偏差値を平均したが，東洋経済ESG企業ランキングの総合ポイントとある程度相関が見られた。これにより，今回の定量情報に基づく相対的な評価は，以下の通り1.3で挙げた従来の企業評価の課題を補完するような評価手法に位置づけられると考えられる。

①企業間比較と相対評価

定量的なパフォーマンスデータを基に企業間で比較するとともに，偏差値を用いることで，その相対的な位置関係が把握できる。

②定量情報のみによる評価

定量情報のみを用いるため，定性情報（記述的情報）における印象操作の余地が小さい。

③評価のホワイトボックス

本評価手法においては，評価指標は明示的で，評価者が定性情報を読み取り判断して点数付けを行うのではなく，定量情報を基に機械的に算出される偏差値で評価され，ホワイトボックスとなっている。

さらにその情報源も，非開示情報を用いる場合は，第三者にとっては何を情報源として評価しているかわかりにくいが，本評価手法では，開示された定量情報のみを情報源としている。またそれにより評価機関からのアンケート回答といった企業側の負担も軽減される。

④評価対象企業

従来の評価は，特定の評価者が点数付けを行い評価するため，評価する企業数に限界があり，評価対象は一部の大企業に限られる。本評価手法では，定量情報が開示されていれば不特定の評価者が評価可能のため，評価対象企業は無制限である。

それにより大企業に対するESG投資だけでなく，中堅・中小規模の企業に対するESG融資や，さらにはサプライチェーンにおける取引先企業の評価にも活用可能となる。サプライチェーンにおける企業評価に関しては，現状は各企業が独自の評価指標を基にサプライヤーに対し調査票等で調査をして評価するが，複数のサプライヤーに対し調査をする必要があり，評価されるサプライヤー側も複数の取引先からの個別の調査依頼に対応する必要がある。複数の評価側企業n× 複数の被評価サプライヤーmのやり取りがサプライチェーンの中の各段階で展開されるため全体では膨大な労力が必要となっている。一方本評価手法では，定量情報を開示することで，個別の調査のやり取りが不要となり，サプライチェーンにおけるESGのマネジメントが容易となる。ただし，定性面での評価は不可であり，また偏差値を算出するための公開されたデータベースも必要となる。

⑤評価の視点

従来の評価者は，評価機関の評価者であり，主にESG投資を行う投資家の視点で点数付けし優劣を評価するが，本評価は，定量的なパフォーマンスの大小を相対的に可視化したものであり，直接的に優劣を評価した結果ではない。評価項目，評価手法がホワイトボックスであるため，投資家や金融機関だけでなく，取引先やNPO，さらには消費者など，それぞれのステークホルダーが重視するリスクや関心により任意に重みづけして優劣を評価することが可能である。

(2) 企業ごとの詳細分析も可能であり，改善の余地が数値で可視化される。

偏差値の全体平均による総合的な評価だけでなく，偏差値化することにより，企業内の単位体系の異なる評価指標間における傾向も可視化することができる。例えば，図表4-11において，E社は環境に関する指標の偏差値（相対スコア）が低く全体平均を押し下げている。一方G社は環境に関する指標の偏差値（相対スコア）は高いが環境以外が低い。H社は全体的にまんべんなく高く，一方M社は全体的に低い。

また，このような全体的な傾向だけでなく，個々の項目ごとに詳細分析も可能であり，改善の余地があるポイントが数値で可視化される。例えば図表4-12はM社の環境に関する指標から一部抜粋したものである。これを見ると，売上当たりのエネルギー使用量の偏差値は高いため，省エネ化は比較的進んで

図表4-11　異なる評価指標間における傾向の可視化例

	6.2 組織統治	6.3 人権	6.4 労働慣行			6.5 環境			6.8 コミュニティへの参画及びコミュニティの発展	全体平均（総合相対スコア）
			雇用	労働条件	安全，人材	汚染予防	資源	気候変動		
E社	51.2	44.3	50.1	40.8	35.9	31.4	38.1	32.0		41.7
G社	48.6	41.6	49.7	53.3	41.3	55.5	52.7	55.1		50.6
H社	50.9	60.9	50.8	54.7	52.7	52.9	52.3	53.4		53.2
M社	48.5	41.0	43.7	46.7		45.4	49.8	47.5		46.3

（出所）筆者作成

図表4－12　M社の環境に関する指標（一部抜粋）

指標	単位	偏差値
売上当たりのエネルギー使用量	GJ/売上	53.6
全エネルギーに対する再生可能エネルギー率	%	42.8
売上当たりのCO_2排出量（Scope1＋2）	t-CO_2/売上	47.5

（出所）筆者作成

図表4－13　B社の組織統治・人権・労働慣行に関する指標（一部抜粋）

指標	単位	偏差値
女性管理職比率	%	47.1
女性役員比率	%	46.9
女性従業員比率	%	41.6
育児休暇取得率	%	37.7

（出所）筆者作成

いると考えられるが，再生可能エネルギーの利用率，およびCO_2排出量の偏差値が低いことから，脱炭素の取り組みについて改善の余地があることがわかる。

図表4－13はB社の組織統治・人権・労働慣行に関する指標から一部抜粋したものである。女性管理職，女性役員比率，全従業員の女性比率がいずれも偏差値50を下回っている。また育児休暇取得率は偏差値40を下回っており，女性活躍に改善の余地があることがわかる。

(3)　各評価項目と財務パフォーマンスとの関連性を分析することができる。

各企業の全体的な偏差値平均（総合相対スコア）と財務パフォーマンスとの関係は前述第3節の2の通りであるが，図表4－14に示す通り，個々の評価項目の偏差値（相対スコア）と財務パフォーマンスとの相関も分析することができる。

これによると組織統治の偏差値（相対スコア）と売上高および営業利益との相関が比較的高い。企業規模が大きくなるほど組織統治における多様性が進んでいると考えられる。また労働条件と売上高との相関も比較的高い。給与や休暇などの労働条件と企業規模はある程度相関があると考えられる。一方，社会

図表 4－14　個々の評価項目の偏差値（相対スコア）と財務パフォーマンスとの相関

	組織統治	人権	雇用	労働条件	安全，人材	汚染予防	資源	気候変動	社会貢献
売上高	0.64	0.02	0.19	0.40	0.24	−0.05	0.19	0.08	0.16
営業利益	0.58	0.10	−0.06	0.36	0.22	0.24	0.19	0.20	−0.14
売上高営業利益率	−0.31	0.04	−0.26	0.13	−0.23	0.14	0.01	0.18	−0.45
1株益	0.10	−0.10	0.10	0.25	−0.11	0.33	0.19	0.16	−0.45

（出所）筆者作成

図表 4－15　個々の評価項目の偏差値と財務パフォーマンスの変動との関連性

	組織統治	人権	雇用	労働条件	安全，人材	汚染予防	資源	気候変動	社会貢献
売上高変動係数	−0.11	−0.25	−0.15	0.21	−0.38	−0.03	−0.01	0.12	−0.42
営業利益変動係数	0.49	−0.18	0.42	0.07	0.10	−0.22	−0.18	−0.05	−0.37
売上高営業利益率分散	0.16	0.02	0.06	0.16	0.17	−0.06	−0.26	−0.05	−0.39
1株益変動係数	0.61	−0.08	0.25	0.26	−0.05	−0.24	−0.01	0.15	−0.31

（注）1株益変動計数の算出にあたり，1株益の変動が有意に大きい企業は検証に用いるには懸念があるため除外した。
（出所）筆者作成

貢献と売上高営業利益率および1株益が負の相関となっている。

ただしこれらの因果関係の方向性は不明である。

さらに，一時的な財務パフォーマンスだけではなく，経年の変動にも着目した。2015年度から2019年度の5年間の売上高と営業利益，および1株益について，その平均と分散から変動係数を，また売上高営業利益率については分散を求めた。それらの変動と個々の評価項目の偏差値（相対スコア）との相関は図表4－15の通り。

組織統治の多様性が比較的高い企業ほど利益の変動が大きいが，一方注目すべきは，社会貢献がすべての変動と負の相関となっていることである。前項の通り一時的な売上高営業利益率および1株益との相関が負であるが，変動との相関も負であり，社会貢献の偏差値が高い企業ほど財務パフォーマンスの変動が小さいという傾向がみられた。

社会貢献にある程度コストをかけ地域社会と良好な関係を構築し，前述の通り利益の極大化ではなく様々なステークホルダーに配慮した付加価値分配を行うことは，短期的な売上や利益額には寄与しないが，中長期的に売上や利益の変動を抑え，経営の安定化に寄与している可能性がある。

4.2　課題

本評価手法における課題，および本研究にて各社の定量情報を収集する際に感じられた，企業の定量情報開示における課題を以下に述べる。

(1)　本評価手法における課題

①開示されている定量情報は，開示基準が乱立し共通認識が得られていない現状で抽出した定量情報であり，その精度には限界がある。

②相対評価を行うため比較的多くの企業が開示している情報のみを用いたことから，ISO26000の各中核主題を表すにはまだ十分とは言えない。

③サンプル企業数もまだ十分とは言えず，また複数年次のデータ取得ができていないため遅延相関の検証も不十分である。

(2)　企業の定量情報開示における課題

①企業による開示量の多寡

今回調査した評価指標は全28項目であるが，企業によって情報の開示量に差があった。開示量が多い企業で24項目，開示量が少ない企業で9項目，全47社の中央値で18項目であった。“ESGデータ”として，定量情報をまとめて一覧にして掲載している企業が増えてきており，また一部ではGRIに沿った表現で数値を開示しているが，一方いまだCSR報告書の文中にデータが散在している企業も見られた。

財務情報は財務諸表等による数値開示が進んでおり，様々な角度から財務分析や企業間比較が可能となっているように，非財務情報においても，より多くの数値を整理して開示し，様々な角度から分析し企業間比較が可能となるのが望ましく，またそれにより定性情報の記事にも説得力を増すことにつながると考える。

②「公正な事業慣行」や「消費者課題」の定量指標

ISO26000の中核主題6.6公正な事業慣行，および6.7消費者課題に関して，定量的な評価のための指標設定が難しく，関連する定量情報を開示している企業も少ない。

今回の評価においては，6.6公正な事業慣行の指標として，内部通報件数，政治献金額，サプライヤーに対する監査含むサプライヤーセスメントなどを設定し，また6.7消費者課題の指標として，製品事故，顧客満足度，セキュリティインシデントなどを設定したが，これらに関する情報を開示している企業は少なく，本研究対象47社中15社以上が開示している評価指標は無かった。

今後これらの情報の開示が進むことで，ISO26000の中核主題6.6公正な事業慣行，および6.7消費者課題に関する相対評価も可能となることが望まれる。

③財務情報のバウンダリとの不整合

6.5環境に関する指標は，企業規模の影響を考慮して売上当たりの原単位指標を設定した。しかし，有価証券報告書で開示される売上高や営業利益といった財務情報の範囲は連結または単体であり，一方環境関連情報は“国内グループ会社”といったバウンダリで開示している企業が散見された。例えば「大気汚染物質排出量（NOx＋SOx）」を開示している企業は19社あったが，そのうち国内グループ会社の排出量として開示している企業は4社あった。原単位を算出するにあたり，分子と分母のバウンダリが不整合だと正確な原単位が算出できないためそのような企業の値は偏差値の算出において除外した。

財務情報と非財務情報のバウンダリは整合させることが必要であるが，実際には海外拠点などは環境情報の収集・集計が困難な場合があり，連結対象のすべての環境情報を取得できないことが想定される。一部の企業では，環境情報のバウンダリに対し，会社別売上高を基にしたカバー率を明示しているケースも見られた。連結対象のすべての環境情報を取得できない場合は，このようなカバー率を記載する方法が挙げられる。

なお，今後の“脱炭素”の取り組みを考慮すると，CO_2排出量については企業規模に関係なく総量を削減しカーボンニュートラルをめざすこととなるため，指標としても売上当たり等の原単位ではなく総量を比較する必要が生じると考えられる。

④人権研修

人権研修に関する開示情報として,「人権研修受講率」,「管理者に対するハラスメント研修」,「コンプライアンス研修受講者数」など各企業で開示する情報が様々であり，またそのバウンダリや対象者も明確になっていないケースが散見される。人権に関する考え方は国や地域によって異なるが，会社としてめざすレベルを確保するためにも全従業員に対する研修が望ましいと考える。

⑤高齢者雇用

高齢者雇用に関する開示情報として,「定年退職再雇用率」,「雇用延長率」,「60歳以上従業員数」など各企業で開示する情報が様々であり，またその“率”についても，例えば分母が“再雇用希望者”となっているケースもある。

今後少子高齢化が進み労働力人口が減少していく中で，若年層に依存するのはリスクが大きく高齢者を活用することが求められる。自社社員だけでなく他社からの高齢者の受け入れなども含め，高齢者に活躍の場を提供し人材活用できているかを推し量ることができる指標としては「全従業員に対する60歳以上従業員率」が有効であると考える。

⑥正規雇用率

正規雇用率は，有価証券報告書の「従業員の状況」からデータを収集したが，企業内容等の開示に関する内閣府令 改正様式によると「連結会社又は提出会社において，臨時従業員が相当数以上ある場合には，最近日までの1年間におけるその平均雇用人員を外書きで示すこと。ただし，当該臨時従業員の総数が従業員数の100分の10未満であるときは，記載を省略することができる」とあり，1割未満の企業は開示されていない。また臨時従業員の定義も曖昧で，派遣社員が含まれていない，あるいは含まれているかどうか明記されていないケースが散見される。

今井（2016）[12]は「臨時従業員の増大は生産性の伸びに対し，マイナスの影響を与えている」としており，且つ「臨時従業員比率は利益率に対して有意な影響を及ぼしていなかった」と結論付けている。正規雇用は，雇用の安定化という社会的責任だけでなく，企業の生産性にも影響を与える重要な要素であることから，定義を共通化し開示を義務付けるなど，正規雇用率を比較できるようにする必要がある。

⑦育児休暇取得率

育児休暇取得率については，「対象者に対する取得者の比率」だけでなく「取得者数」で開示している企業も見られたことから，本研究では「全従業員に対する取得者の比率」で統一して算出した。そもそも“対象者”が退職し少なくなれば取得者比率が上がるため，「対象者に対する取得者の比率」は相対比較する指標としては適切ではないと考える。

⑧健康関連

健康関連の開示情報として，「定期健康診断受診率」，「喫煙率」，「メンタルヘルス発症者率」など各企業で開示する情報が様々となっている。経済産業省の「企業の「健康経営」ガイドブック（改定第1版）」においては，健康経営に関する指標として，ストラクチャー（構造）・プロセス（過程）・アウトカム（成果）のそれぞれにおいて指標が提示されている。

本研究では定量情報は各社がESGの取り組みを推進した結果・成果であると仮定していることから，アウトカムの指標である“プレゼンティーイズム”，“アブセンティーイズム”が開示されることで，各社の健康経営に対する取り組み状況を相対比較できると考える。

⑨エネルギー使用量

エネルギー使用量の開示情報として，ガス使用量（t）・電力使用量（kWh）など，エネルギーの種別ごとの使用量は開示されているが，トータルとしてのエネルギー使用量（GJ）が開示されていないケースが散見された。

本研究では，種別ごとのみの開示の場合は，経済産業省の「エネルギー消費量（原油換算値）簡易計算表」を用いてトータルとしてのエネルギー使用量（GJ）を算出した。

⑩社会貢献活動費

社会貢献活動の費用の内訳として,「金銭支出（政治寄付含む)」,「施設開放・現物寄贈」,「工数他」としているケース，あるいは「現金での寄付」,「有給での従業員ボランティア活動の金銭価値」,「製品やサービスの無償供与など」,「マネジメント経費」,「イベント協賛など」としているケースがあった。これらの内訳は“人・モノ・金”で大別できるが，社会貢献活動費としてこのような内訳が開示されていないケースも多い。

5. まとめ

本研究では，定性情報を基に評価者が点数付けする従来のESG企業評価の課題を踏まえ，定量情報に着目して相対的に評価する手法を試みた。ISO26000の枠組みを用いて，その中で規定されている各中核主題にて示される「関連する行動および期待」を表すと考えられる評価指標を設定した。

各社が開示している定量情報を評価指標に当てはめて，偏差値による相対評価を行った結果，その評価による大小は，東洋経済新報社のESG企業ランキングの総合ポイントとある程度相関がみられた。また財務パフォーマンスである売上高，営業利益とも弱いながらもある程度相関が見られ,「余剰資源理論」あるいは「良いマネジメント理論」の考えと一致した。本研究の評価手法は，従来のESG企業評価の課題を補完する評価手法となる可能性があると考えられる。偏差値による相対評価であるため，各企業の取り組みが進展すれば全体の平均値が上がり，取り組みが停滞し現状維持となっている企業は相対的に評価が下がることになることから，企業全体の底上げと継続的改善を促進すると考えられる。

一方，本評価手法の課題としては，現状では精度に限界があり，またISO26000の各中核主題を表すにはまだ十分とは言えないこと，サンプル企業数もまだ十分とは言えないことなどが挙げられる。また企業の定量情報の開示に関しても課題がみられることから，企業間の相対評価がより容易にできるよう，どのような定量情報を開示すべきかについて各企業が共通した認識を持つことが必要となる。

財務情報は，共通的な会計ルールがあり，各社の経営状態を定量的に把握し比較することが可能となっている。非財務情報においても，共通的なルールを策定し，各社のESG観点での経営状態を定量的且つ相対的に把握する仕組みが今後必要となると考える。

今後は，開示基準の動向を注視しつつ，ESGの取り組み状況を表すにはどのような指標が適しているかを精査して，評価精度を上げていきたい。さらに本研究では対象外とした社会課題解決の貢献の取り組みについても，その成果（パフォーマンス）を定量的且つ相対的に把握できる指標を検討し，ESG経営をより広い観点で評価できる評価体系を確立していきたい。

[注]

1　林寿和（2018）p.112
2　長谷川直哉（2018）pp.24-25
3　大浦真衣（2017）pp.50-52，pp.57-59
4　「コーポレートガバナンス・コード」 p.11
5　大鹿智基（2015）pp.205-206
6　林寿和（2019）p.33
7　加賀田和弘（2004）pp.48-49
8　越智信仁（2019）pp.25-28
9　一般財団法人企業活力研究所（2018）p.11，pp.64-67
10　経済産業省知的財産政策室 企画・監修（2007）p.16
11　東洋経済ONLINE「ESGを重視する企業」ランキングトップ200社　https://toyokeizai.net/articles/-/381386
12　今井健太郎（2016）p.118

[参考文献]

一般財団法人企業活力研究所（2018）「新時代の非財務情報開示のあり方に関する調査研究報告書」
今井健太郎（2016）「臨時従業員比率と企業パフォーマンス」『経済学雑誌』第117巻第1号　大阪市立大学経済学会
大浦真衣（2017）「CSRへの取り組みと財務パフォーマンスの関係性—上場企業のパネルデータを用いた実証分析—」『The Nonprofit Review』Vol.17，No.1　日本NPO学会
大鹿智基（2015）「非財務情報の企業価値—統合報告において開示すべきKPIの実証的探究—」『商学研究科紀要』82巻　早稲田大学
越智信仁（2019）「比較可能なESG評価の可能性と課題」『インベスター・リレーションズ』第13巻1号　日本インベスター・リレーションズ学会
加賀田和弘（2004）「持続可能性による企業評価の現状と課題」『総合政策研究』No.3　関西学院大学
株式会社東京証券取引所（2021）「コーポレートガバナンス・コード」

金融庁（2008）「企業内容等の開示に関する内閣府令　改正様式」
グローバル・サステナビリティ・スタンダード・ボード（2016）「GRIスタンダード」
経済産業省知的財産政策室企画・監修（2007）『知的資産経営報告の視点と開示実証分析調査報告書』経済産業省知的財産政策室
週刊東洋経済『CSR企業総覧（ESG編）2020年版』
年金積立金管理運用独立行政法人（2020）「2019年度ESG活動報告」
長谷川直哉（2018）『統合思考とESG投資―長期的な企業価値創出メカニズムを求めて―』文眞堂
林寿和（2018）「開示情報量と企業による印象操作がESG評価に及ぼす影響についての一考察：シミュレーションモデルを用いて」『日本経営倫理学会誌第』25号　日本経営倫理学会
林寿和（2019）「多様化するESG情報開示基準等の果たす役割と課題～GRI・IIRC・SASB・TCFDの比較分析を通じて～」『月刊資本市場』2019年7月号No.407
三菱UFJリサーチ＆コンサルティング株式会社（2019）「ESG格付け方法論の事例」平成30年度環境サステナブル企業評価検討会（第1回）
吉井一洋・藤野大輝（2018）「企業のES（環境・社会）関連情報の目標数値・KPIと第三者保証」『大和総研調査季報』2018年秋季号Vol.32　大和総研
ISO/SR国内委員会「やさしい社会的責任―ISO26000と中小企業の事例―」
JISZ26000：2012社会的責任に関する手引（ISO26000：2010）

[参考WEB]
株式会社日本取引所グループ　ESG情報開示枠組みの紹介
https://www.jpx.co.jp/corporate/sustainability/esgknowledgehub/disclosure-framework/index.html, https://www.jpx.co.jp/corporate/sustainability/esgknowledgehub/disclosure-framework/04.html　2022年10月23日閲覧
大和総研レポート　乱立するESG情報の開示基準とその現状　https://www.dir.co.jp/report/research/capital-mkt/esg/20210112_022016.html　2022年10月23日閲覧
トークンエクスプレス　ESG投資に不可欠，格付機関3社＋αを徹底解説　https://tokenexpress.com/magazine/esg-raters/　2021年7月25日閲覧
東京海上ディーアール株式会社　コラム「CDP気候変動2019スコアリング方法の傾向について」https://www.tokio-dr.jp/publication/column/009.html　2022年10月23日閲覧
会社四季報オンライン https://shikiho.jp/　2022年10月23日閲覧
東洋経済ONLINE 「ESGを重視する企業」ランキングトップ200社 https://toyokeizai.net/articles/-/381385　2022年10月23日閲覧

（丸山秀一）

第 5 章

再生プラスチックの利用拡大に向けての変革の必要性
――マテリアルリサイクルの視点から

1. はじめに

プラスチックのリサイクルはこれまで様々に取り組まれている。環境負荷低減に対しては，プラスチックの使用を減らす，適切に回収・分別し適切にリサイクルすることが必要である。しかしながら現在は，適切な再使用が充分とは言えない。そこで本章では，プラスチックリサイクル業界に焦点を当て，現在のプラスチックリサイクルをめぐる状況やリサイクル事業の置かれている課題を改めて整理してみたい。

プラスチックは，加工しやすい，軽い，摩耗しにくい，水や油に対して腐食しにくい，着色しやすい，安価である，等の特徴を持ち，それらの特徴から，自動車，住宅，家電，日用品，そして様々な容器包装など多くの産業で用いられてきた。

その一方で，廃プラスチックの有効的な再利用率はまだ低く，廃棄されたプラスチックによる海洋汚染問題など処理されない廃プラスチックが環境汚染となり近年問題になっている。

「プラスチックリサイクルの基礎知識」（プラスチック循環利用協会 2022）によれば，日本国内で排出される廃プラスチックの量は 822 万トン（うち，一般系廃棄物が 410 万トン，産業系廃棄物が 413 万トン）。これらの処理方法と処理量はそれぞれ，マテリアルリサイクル 173 万トン（21%），ケミカルリサイクル 27 万トン（3%），サーマルリサイクル 510 万トン（62%），単純焼却および埋立 112 万トン（14%）となっており，サーマルリサイクルが多く，材料としての再利用率が低い。この傾向は図表 5 - 1 に示すように横ばいである。

図表5-1　廃プラスチックの総排出量・有効利用／未利用・有効利用率の推移

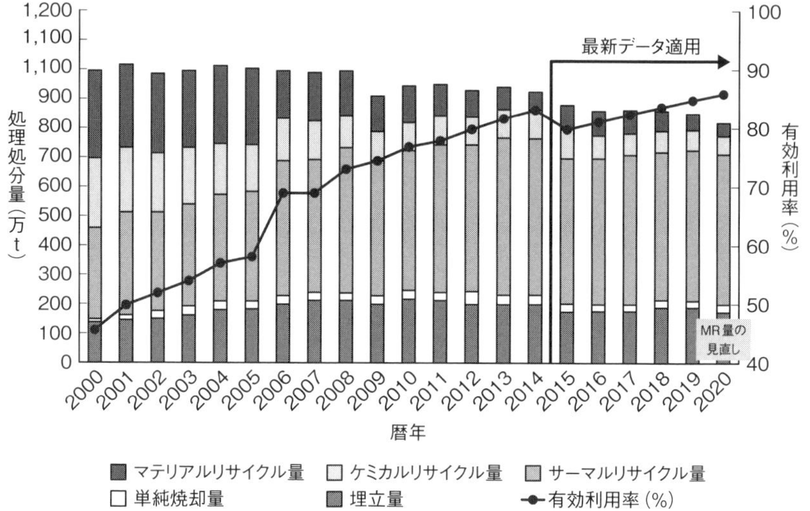

（出所）プラスチック循環利用協会「プラスチック製品の生産・廃棄・再資源化・処理処分の状況」

このようなプラスチック問題の対応として，特にワンウェイのプラスチックの使用削減や，回収されたプラスチックの有効が進められている。例えば，EUでは，「使い捨てプラスチック流通禁止指令」を2019年5月に採択し2021年7月から施行されている。日本では，2019年に「プラスチック資源循環戦略」が策定され，「プラスチックに係る資源循環の促進等に関する法律」が2021年に公布，2022年から施行されている[1]。この法では，プラスチック廃棄物の排出の抑制や再資源化に資する環境配慮設計，ワンウェイプラスチックの使用の合理化，プラスチック廃棄物の分別収集，自主回収，再資源化等を狙いとしている。プラスチック製品の使用をできる限り削減することは必要であるとともに，徹底した回収と資源としての再利用（マテリアルもしくはケミカルリサイクル）が必要であろう。

プラスチックには，日本プラスチック工業連盟によれば，いわゆる汎用5大樹脂とPET樹脂の2020年の国内生産量はそれぞれ，低密度ポリエチレン（LDPE）および高密度ポリエチレン（HDPE）225万トン，ポリプロピレン

図表5－2　マテリアルリサイクル向け原料（再生利用173万トン）の内訳

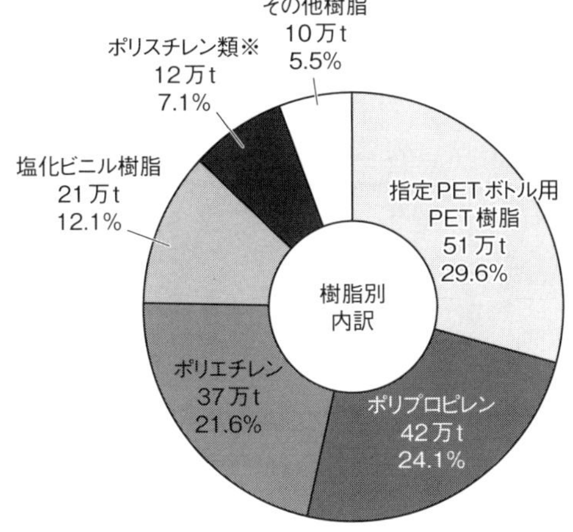

※ポリスチレン類：AS，ABS含む

（出所）プラスチック循環利用協会「プラスチックリサイクルの基礎知識2022」

図表5－3　PETボトルの回収・リサイクルの状況

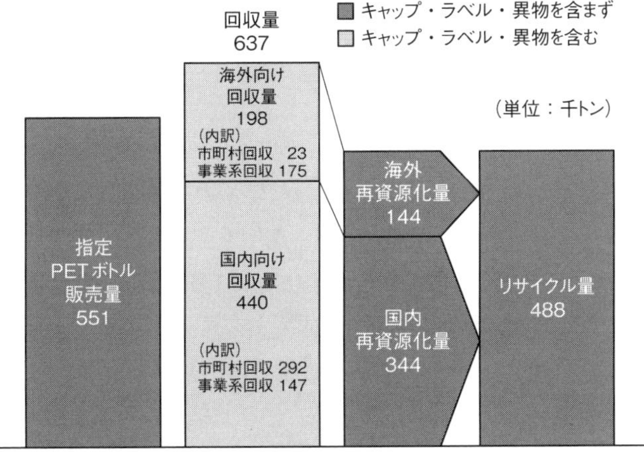

リサイクル率：（リサイクル量）÷（ボトル販売量）＝88.5%

※端数処理のため，数値が合わない場合があります。

（出所）PETボトルリサイクル推進協議会Webサイト（https://www.petbottle-rec.gr.jp/data/calculate.html）

（PP）225万トン，ポリスチレン（PS）72万トン，塩化ビニル（PVC）163万トン，ポリエチレンテレフタレート（PET）34万トンとなっている[2]。

廃プラスチックのうち，マテリアルリサイクルに用いられる材料は図表5-2のようであり，PETボトル・PETボトル樹脂が3割と多く，汎用樹脂であるポリプロピレンやポリエチレンは生産量に対し再生利用が少ないことが判る。PET樹脂は使用量の多く占めるPETボトルでの回収および再利用は，図表5-3のように高くなっている。これは後述するがPETボトルが単一の樹脂であることが大きな要因であり，また自治体や飲料業界の回収の取り組み，一般市民のリサイクルに対する意識の向上などが理由として挙げられるであろう。一方で，ポリプロピレンは，安価で耐薬品性や強度に優れていることなどから，包装材料をはじめとして，文具や日用品，自動車や家電の部材など広く用いられている。その一方で，広く用いられていることが，回収・再利用を高められない要因に繋がっている。

2. 欧州のプラスチックを巡る状況

2.1　政策や戦略の動向

欧州では，成長戦略として2010年10月に「Europe 2020 strategy（欧州成長戦略）」が策定され，2020年までのEU経済の競争力強化・雇用戦略がうたわれた。2011年9月には，経済活動と環境影響分離のための実施計画枠組みとして「RE Roadmap」が策定され，2015年12月に2030年に向けた成長戦略の核としての「Circular Economy Package（サーキュラーエコノミーパッケージ）」が策定された。この具体的な方策として，「Circular economy action plan[3]」が2016年6月に採択されている。その主な行動としては，食品廃棄物の削減，二次原料のための品質基準，エコデザイン，肥料に関する規制，サーキュラーエコノミーにおけるプラスチック戦略，水の再利用が挙げられている。

サーキュラーエコノミーパッケージの優先分野に位置づけられたプラスチッ

クに関する措置として，2018 年 1 月に「A European Strategy for Plastics in a Circular Economy　(欧州プラスチック戦略)」が策定され，2030 年までに欧州市場でのプラスチック梱包材はすべてリサイクル可能にする，意図的なマイクロプラスチックの使用を禁止するといったことに取り組むこととしている。

この時のリリース（European Commission 2018）によれば，

・ヨーロッパでは毎年 2,500 万トンのプラスチック廃棄物が発生しているが，リサイクルのために回収されるのは 30% 未満である。

・プラスチック戦略は，EU における製品の設計，製造，使用，およびリサイクルの方法を変革する。現在のプラスチックの生産，使用，廃棄の方法では，より循環的なアプローチによる経済的利益を得ることができていないことがあまりにも多くある。

・目標は，環境を保護すると同時に，設計と製造が再利用，修理，リサイクルのニーズを完全に尊重し，より持続可能な材料が開発される新しいプラスチック経済の基盤を築くこと。

と述べられている。さらに，リサイクルに関しては，この戦略のもとで，

・リサイクルをビジネスにとって有益なものにする：市場で使用されているプラスチックのリサイクル可能性を改善し，リサイクルされたプラスチック成分の需要を増やすために，包装に関する新しい規則を行う。より多くのプラスチックが収集されるにつれて，EU 全体で廃棄物の分別収集と分別のためのより優れた標準化されたシステムとともに，改善され大規模なリサイクル施設が設置されるべき。これにより，1 トン当たり約 100 ユーロの節約になる。また，より競争力があり回復力のあるプラスチック業界に，より大きな付加価値を提供する。

といったことが述べられている。

この欧州プラスチック戦略のパンレット（European Commission 2018）では，図表 5 - 4，図表 5 - 5 のように，欧州のプラスチックの使用量および廃棄量と内訳が示されている。

使用および廃棄されるプラスチックでは，容器包装が多いことは多くの国で同様であろう。建築分野，自動車，電子製品でのプラスチック使用が多いことが判るが，使用量の割合順に対し，廃プラスチック量として自動車が少なく

図表5-4a　EUのプラスチック使用量

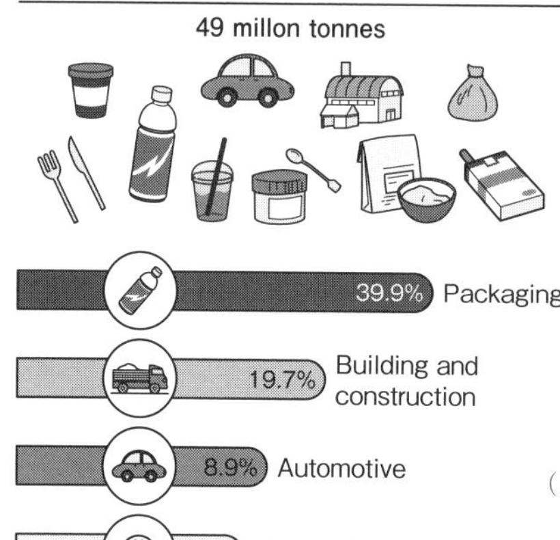

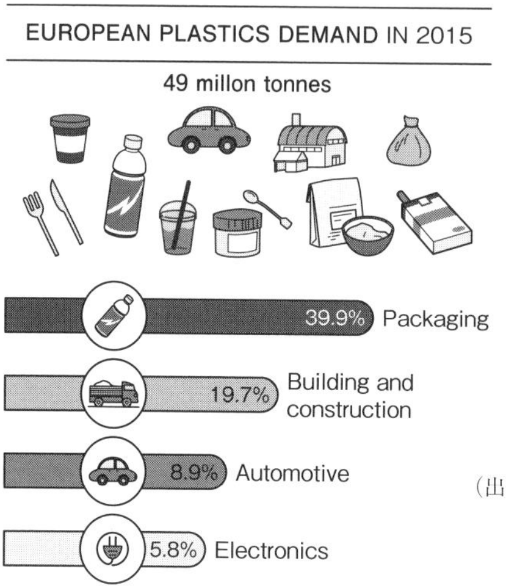

図表5-4b　EUの廃プラスチック内訳

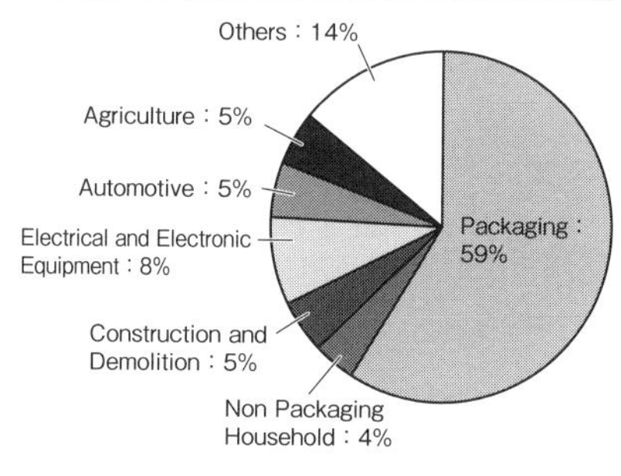

（出所）「A EUROPEAN STRATEGY FOR PLASTICS IN A CIRCULAR ECONOMY」（European Commission 2018）

図表5-5　EUの使用済み自動車における材料比率

Materials in an ELV in 2015*

Material	%
Ferrous Metal	66%
Non Ferrous Metal	9%
Plastics and Process Polymers	12%
Tyres	3%
Glass	2%
Batteries	1%
Fluids	1%
Textiles	1%
Rubber	2%
Other	2%

Plastics**: PP 40%, ABS 7%, PC4%, PA 8%, PU 11%, PE 5%, PVC 7%, Epoxy 1%, Other: 17%

*Commision Staff Working Document on targets 2007

（出所）「The ELV Directive What comes next?」（Artemis Hatzi-Hull（2018））

なっていることに注目したい。自動車に使用されているプラスチックの量は，自動車全体で使用されている材料の12%にあたる。

2.2 欧州プラスチック戦略をうけて産業界の動向

(1) 再生プラスチック加工業界

上述の EU の政策や戦略を受け，欧州のプラスチック産業団体である PlasticsEurope は，2018 年 3 月にプラスチック業界の自主的目標である「Plastics 2030」を策定した。このなかで，再利用とリサイクルの促進，プラスチックの環境への流出防止，資源効率の向上を重点項目としている。

さらに，プラスチックに係わる産業界で「Circular Plastics Alliance」が 2018 年 12 月に設置され，2019 年 2 月に第 1 回会合が行われ，目標として，2025 年までに 1,000 万トンの再生プラスチック利用を掲げ，5 つの優先検討課題として，プラスチック廃棄物の収集と分別，リサイクルのための製品設計，製品への再生プラスチック利用，研究開発および投資（ケミカルリサイクルを含む），EU で販売されている再生プラスチックの監視を挙げている。

上述の欧州プラスチック戦略で示されているプラスチック使用量 4,900 万トンからすると，1/4 を再生プラスチックに代えるということになる。その目標の達成における課題はどのようなものであろうか。

欧州のプラスチック加工業の業界団体である「EUROPEAN PLASTICS CONVERTERS」（運営会社：Polymer Comply Europe）が加入企業を対象に，再生プラスチックの使用に関する調査「The Usage of Recycled Plastics

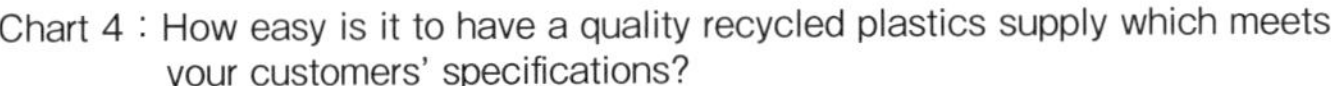

図表 5 - 6　お客様の仕様に合った高品質の再生プラスチックの供給について

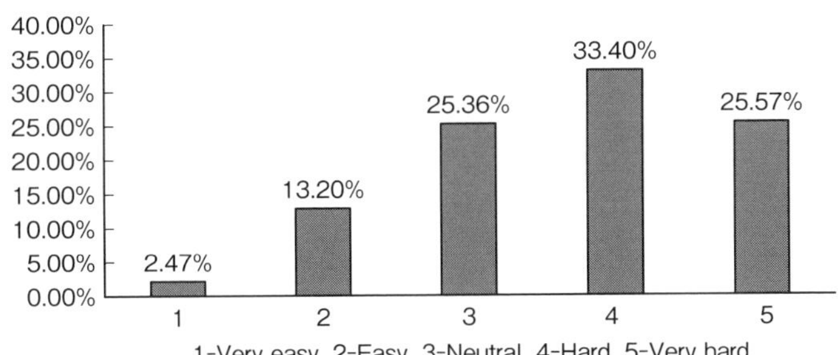

（出所）「The ELV Directive What comes next?」（Polymer Comply Europe 2017）

図表5-7　再生プラスチック十分な量，安定的な供給について

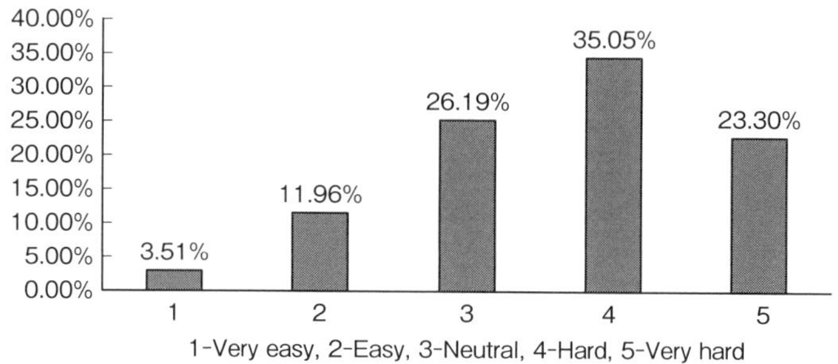

（出所）「The ELV Directive What comes next?」（Polymer Comply Europe 2017）

図表5-8　再生プラスチックを使用する主なインセンティブについて

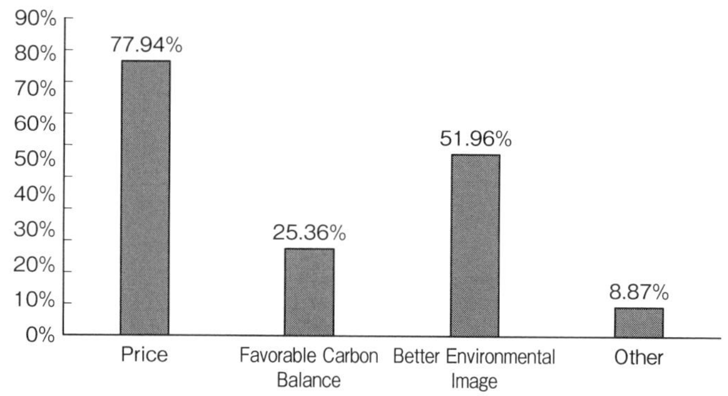

（出所）「The ELV Directive What comes next?」（Polymer Comply Europe 2017）

Materials by Plastics Converters in Europe」を行っている[4]。第1回は2017年10月に28カ国485社を対象に，第2回は2019年1月（21カ国376社を対象）にしている[5]。

この2回の調査結果（Polymer Comply Europe 2017，Polymer Comply Europe 2018）で，高品質の再生プラスチックの供給，量の確保や安定的供給，

図表5－9　再生プラスチックを含むコンパウンドを購入しない理由について

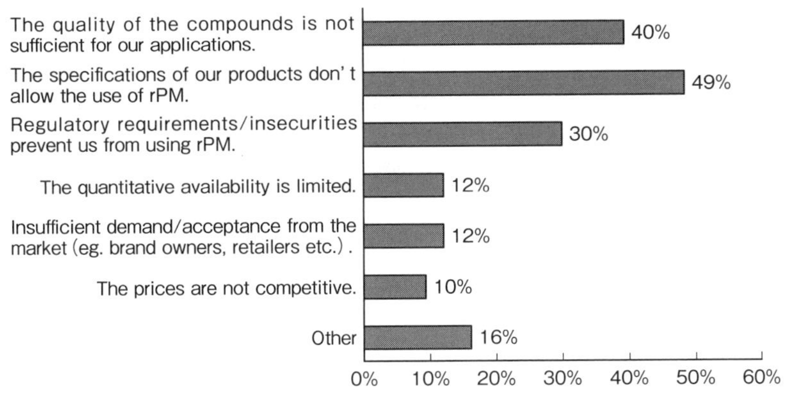

（出所）「The ELV Directive What comes next?」（Polymer Comply Europe 2019）

再生プラスチックを使用するインセンティブ，再生プラスチックを使用しない理由，質的な問題などについて調査をしている（図表5－6～5－10）。

これらの結果より，再生プラスチックに使用に対しては，再生プラスチックの品質（ロット間のばらつき，機械的特性，デザインなど），供給の不安定性，化学物質への対応などが課題であることが判る。Circular Plastics Allianceが掲げた1,000万トンの再生プラスチック利用には，民生品においてはさらに広く，建築物であれば，断熱材，床材，窓枠など，多くのプラスチックを再生して使用する必要があるが，そのためにはデザイン性も含めた品質が重要であろう。

(2) 再生プラスチックを利用する業界：自動車産業を例に

では，プラスチック部品を使用する産業はどうであろうか。ここではプラスチックの使用量が3番目に多い自動車業界のとらえ方を考察する。

欧州自動車工業会（European Automobile Manufacturers' Association：以下 ACEA）は，欧州プラスチック戦略に対して，2018年9月にPosition Paperを発表している。このなかで，

図表5-10　再生プラスチックを活用する上での質的な問題について

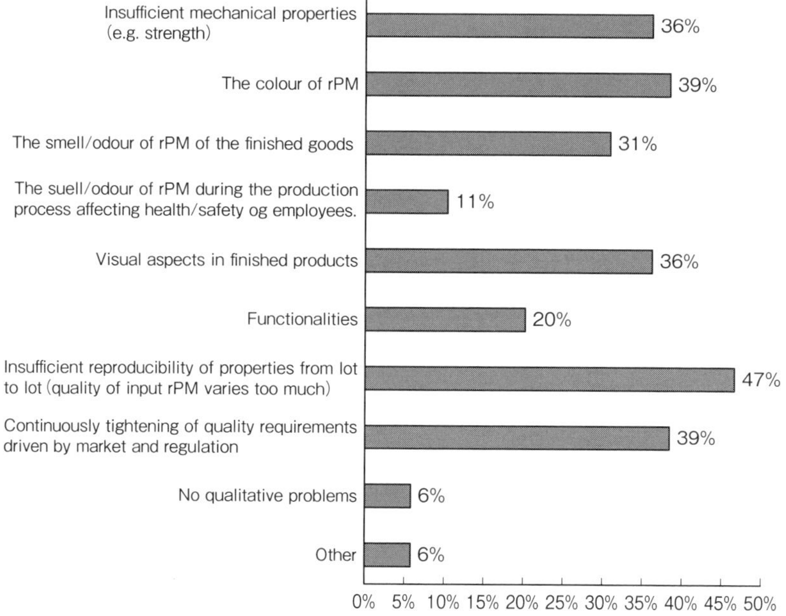

（出所）「The ELV Directive What comes next?」(Polymer Comply Europe 2019)

・プラスチック材料は，車両の軽量化，燃費の向上，炭素排出量の削減，およびシートベルトやエアバッグなどの安全性の向上を実現するための有用なソリューションである。

・しかし，再生プラスチックを使用することは，コストやエネルギー効率の面で常に最良の選択肢とは限らない。

・リサイクル材料は，未使用の材料とまったく同じ特性を持つことが保証されている場合にのみ使用できる。

・自動車部門がプラスチックの総需要の8.9%に過ぎないことを考えると，ACEAとCLEPA（European Association of Automotive Suppliers）は，環境の効率的な保護とヨーロッパの産業競争力の促進の間で適切なバランスをとることを望む。

としている。これから読み取れることは，再生プラスチックに反対ではないが，品質，量の安定性，コストが重要とのことであろう。これは上述したプラスチック加工業界の調査結果とも符合する。また，自動車は他の製品と異なり，使用される期間が長い。ACEA によれば，乗用車の平均使用年数は 11.8 年である。つまり，今使用済みとなった自動車の部材を再生利用するのであれば，その部材は約 12 年前に作られた部材であり，その組成や含有物などの情報が十分ないと適切な再生利用が出来ない。もしくは含有物の影響を鑑みて再生利用を躊躇うこととなる。自動車では内装にプラスチックが多用されているが，内装材には難燃剤が用いられていることが多く，現在と過去の化学物質の規制も異なり，有害性の疑いは拭えない。

このような状況を踏まえつつ，自動車メーカーでは，再生プラスチックの利用を進めており，例えば，Renault では，2025 年までにフランスにおけるプラスチックリサイクル率 100％を目指すことを主眼とした，フランス政府の循環型経済ロードマップに署名したとしており，工業由来や民生品由来の廃プラスチックから，タイヤホイールカバーやアンダーカバーなどの見えない部材に再生プラスチックを使用しているとのことである。

また，Volvo では，2025 年までに新車の 25％の再生プラスチックを使うと 2018 年に宣言した。

3. 日本における再生プラスチックを巡る状況：プラスチックリサイクル業界を主として

3.1　PET ボトル等のリサイクルの状況

1 節で述べたように PET ボトルのリサイクル率は極めて高くなっている。PET ボトルリサイクル推進協議会では，指定 PET ボトルの自主設計ガイドラインを制定し，ボトル材質は PET のみにする，ボトルは透明にする，ボトルに印刷しない，ボトルはつぶれ易くする，キャップ，ラベルにアルミや PVC

を使わない，ラベルは剥がし易くするなど取り決め，さらには自販機横にリサイクルボックスを設置するなど，飲料メーカーとボトル to ボトル対応の対応を進めている。さらに，神奈川県のペットボトル回収実証実験に見られるように，自治体がゴミゼロに向けて PET ボトルの回収率向上のための活動や，ユニリーバ・ジャパンと花王が行っている日用品のボトル回収プログラム「みんなでボトルリサイクルプロジェクト」など，ボトル容器の回収はさらに向上する様相を見せている。

一方，ここで注意すべきは使用済み PET ボトルの回収ルートである。家庭から出される使用済み PET ボトルは自治体が，また店舗，施設，自販機等のゴミ箱においては事業者が回収し，リサイクル処理される。回収に係わる人的労力（人件費）はリサイクル業者が負担するのではない。

3.2　プラスチックリサイクル業界の状況

一般系廃棄物が主である PET ボトルや日用品のボトルに対し，自動車や家電品をはじめとして多くの製品の部材に用いられている汎用プラスチックである PP や PE が産業系廃棄物として排出され再生利用される場合はどうであろうか。そこで日本におけるプラスチックリサイクル業界の状況をみてみる。

プラスチックのマテリアルリサイクルの代表的な業界団体として，全日本プラスチックリサイクル工業会がある。この団体は各地域に地方組織を持ちそれぞれ数十社の会員企業から成り全国組織として成り立っている。

全日本プラスチックリサイクル工業会の下部組織および構成企業数

・関東プラスチックリサイクル協同組合　53社
・東日本プラスチック再生協同組合　24社
・愛知県プラスチックリサイクル協同組合　31社
・北陸合成樹脂商工会　4社
・京滋プラスチックリサイクル工業会　9社
・関西プラスチックリサイクル商工会　15社
・九州プラスチックリサイクル工業会　10社

それぞれの会員企業では従業員は数十名程度であり，いわゆる中小企業の域を出ていない。また，この団体の代表的な企業である，いその株式会社や石塚化学産業株式会社を見るとわかるようにリサイクルの専業ではない。創業はプラスチック樹脂原料の販売である。着色や配合などコンパウンドを行い顧客となるプラスチック成型メーカーに，仕様に適合した成型材料を販売する。プラスチック材料販売する過程の中でリサイクル材を扱うようになったと言うことである。当然のことながら，より付加価値の高い製品・商材を扱うことが企業の利益向上に繋がるわけであるが，リサイクル材を扱うことが付加価値向上になるのであろうか。

1節で述べたように，例えばポリプロピレンは，安価で耐薬品性や強度に優れていることなどから，包装材料をはじめとして，文具や日用品，自動車や家電の部材など，産業材として広く用いられている。広く用いられていることが，回収・再利用を高められない要因に繋がっている。

これらが再生利用される際には，欧州での状況と同じことが課題となるはずであり，すなわち，リサイクルプラスチックを使用する側から考えると，コスト，品質，安定供給が重要なポイントとなる。日本の再生プラスチックにおいてそれが可能なのであろうか。

(1) コスト面

マテリアルリサイクルによるプラスチックの再生フローの主たる構成は図5-11に示す通りである。また，再生に係わるコストは図5-12のように考えられ，おおよそ回収（運搬）コスト，分別コスト，再生ペレット化コストにより構成される。前節で紹介したPETボトル，容器ボトルは回収に係わるコスト

図表5-11　産業系廃棄物からの再生プラスチック化フロー

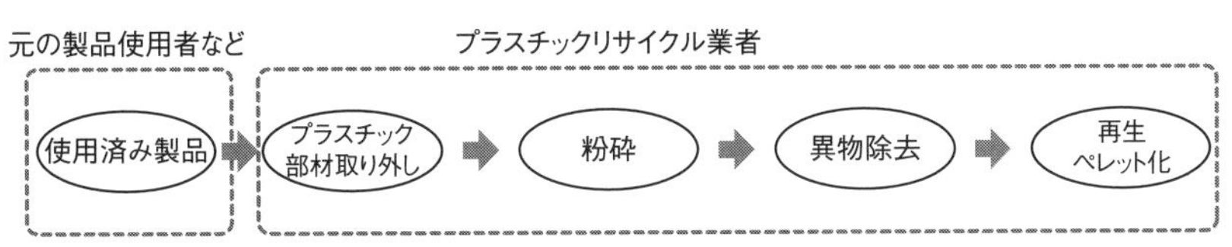

（出所）各種資料より筆者作成

図表5－12　産業系廃棄物からの再生プラスチックコスト構造

管理コスト
追加設備償却
設備償却
造粒
異物除去・混合工数
粉砕工数
運賃
買取価格

（出所）各種資料より筆者作成

がリサイクル事業者に転嫁されないため，再生プラスチック価格がそのぶん抑えられる。自治体や事業者による回収の仕組みがない産業系プラスチックのリサイクル事業者においては，回収コストも含めて再生材料の価格としなくてはならない。再生プラスチックの競争力をあげるため価格低減を図るとしても，リサイクル事業者の行えることは限度があり，また逆に使用済みプラスチックが適切に回収出来ないと分別などのコスト増加要因になる。

再生プラスチックは上述したようにその多くが固定的な費用から成り立つ。一方，バージン材料はナフサから精製されるため原油価格の変動を受ける。すなわち原油価格，ナフサ価格が低下しバージン材料が低下すると，再生プラスチックは価格的に不利になるなど，石油価格の変動に対して弱点がある。

自動車リサイクル高度化財団では，自動車リサイクルの高度化等に関する学術的・実践的調査・研究の推進事業を行っているが，そのひとつとして，矢野経済研究所（2020）は自動車由来のプラスチックを自動車の部材に再利用する，すなわちCar to Carの検証を行っている。このなかで，使用済み自動車（End of Life Vehicle：ELV）に含まれるプラスチックを，シュレッダーダスト（Automobile Shredder Residue：ASR）からではなく，解体時に必要なプラスチックを取り出し，再生プラスチック化することを検討した。この結果では，上述の方法での再生プラスチックは，バージン材料と価格競争力があると設定した価格にはかなりの乖離があるとしている。これは再生プラスチックが出来るまでの各工程でのコストを下げることの難しさを意味している。

(2) 品質および安定供給面

品質としては，再生プラスチック材料を使用する側の要求レベルを満たすことが必要であるが，リサイクルされる製品に使用されていた回収されたプラスチックにより影響を受ける。回収されるプラスチックは様々なものに使用されていることから，色や特性も様々であり，同じ種類（材料）のプラスチックを回収出来たとしても，バージン材料と同等な品質の再生プラスチックに出来るとは限らない。

例えば車の内装などでは難燃性が求められ難燃剤が混ぜられている。このような化学物質等はそれまで使用されていた製品車で言えばメーカーや車種によってその成分が変わってくる。例えば，自動車のドア内装材（PP が多用されている）を広く回収したとしても，メーカーにより強度などの特性から含有されている化学物質が様々であり，同質の再生プラスチックになるとは限らない。同質の再生プラスチックにならないということは，水平リサイクルが出来ないということであり，品質グレードが低下しても良い部材や製品の材料として使用されることになり，事業的には高い付加価値が得られず，リサイクル材料の取り扱いに対するインセンティブが高まらない。

安定供給の観点では，再生プラスチックを使用する側としては，一定レベルの品質も含め必要な量を必要な期間において供給されることが必要である。供給側としては，それに対応することが必要であるが，再生プラスチックの原料となる廃プラスチックにおいて，同様な材料が一定期間（自動車などを考えると数年間と長い）に渡って得られないといけない。そのために廃プラスチックの安定的な確保が必要であるが，廃プラスチックの発生量や発生場所は予測がつけにくく，リサイクル事業者にとっては供給面，価格面への影響が避けられない。

上述したボトルの回収システム，回収プログラムで回収出来るプラスチックは限られている。現在 PET ボトルの回収は一般に広まっており，図表 5 - 3 に示すように PET ボトルの回収率は 88.5％に達している。PP や PE が同様な回収率になれば資源的に有用であるが，様々な製品に使用されていることを考えると，使用済みとなった際のこれらの材料は，徹底的に回収され，種類（材料）や色など含めた質ごとに分別がされなければ再資源化のための安定した量の確保は難しい。リサイクル事業者にとっては事業的なハードルが高いいっぽう，リサイクル事業者だけの努力では改善が図り難い。

4. まとめ

プラスチックリサイクルに関して，マテリアルリサイクルの視点で，欧州の政策や再生プラスチック事業に係わる業界の動向や現状認識，および日本のプラスチックリサイクル事業者の現状を述べてきた。再生プラスチックの利用拡大には，①価格，②広い意味での品質，③安定供給の３点が課題である。それらは相互に関係しているとともに，リサイクル事業者だけで解決は出来ない。回収コストや分別コストの低減のためには，すなわち現在のリサイクル事業のフローで構成される価格を低減するためには，リサイクル事業者のコスト削減だけでなく，費用に係わる面で社会的に負担・分担することも考える必要もある。換言すれば，プラスチック部材の利用者，消費者，社会システムとして，高度な品質の再生プラスチック利用，水平的にリサイクルが拡大するよう回収

図表５－13　プラスチック部材に刻印されている材料名の例

（出所）筆者撮影

率を向上させ，分別を徹底することである。

現在プラスチック部材に種類（材料）名が，例えば図表5－13のように，刻印されている。だが，それは部材の一箇所であることが多く，その部材が分断または破砕されると，部材の種類（材料）は判別できなくなる。このためリサイクル事業者における分別の工程やそのための高度な分別設備が必要となっている。プラスチック部材に多数の材料の識別子を付するなどデジタル化を行い，プラスチック部材の廃棄時，破砕段階などそれぞれの段階で材料ごとに分別することを図っても再生利用は拡大するはずである。また資源として有用なPPやPETボトルなどのプラスチック材料は，色や品質など用途を含めた使用方法など，消費者を含め社会システムとしての変革も考えるべきであろう。

[注]

1 本章では、これらの戦略および法の紹介は省く

2 万トン以下は四捨五入

3 2020年3月に新たなAction planが採択され、現在は「First circular economy action plan」となっている。

4 この調査では、再生プラスチックをrPM（recycled plastics materials）と表記している

5 第3回調査の結果は当初2020年2月に発表されたが、COVID-19の流行が始まった反動の状況を取り入れるために完全版の公表が延期されている。

[参考文献]

Artemis Hatzi-Hull（2018）, The ELV Directive What comes next?, *EuRIC 2018 Annual Conference.* https://www.euric-aisbl.eu/closing-loops-event-registration/download/307/185/32（最終閲覧日2022年10月8日）

橋本択摩（2020），「EUサーキュラーエコノミー行動計画と日本への示唆」，MRI ECONOMIC REVIEW. https://www.mri.co.jp/knowledge/insight/dia6ou0000020rh2-att/mer20200515.pdf（最終閲覧日2022年10月8日）

一般社団法人プラスチック循環利用協会（2022a），『プラスチックリサイクルの基礎知識2022』https://www.pwmi.or.jp/index.php（最終閲覧日2022年10月8日）

一般社団法人プラスチック循環利用協会（2022b），『プラスチック製品の生産・廃棄・再資源化・処理処分の状況』https://www.pwmi.or.jp/pdf/panf2.pdf（最終閲覧日2022年10月8日）

矢野経済研究所（2020），「2019年度自動車リサイクルの高度化等に資する調査・研究・実証等に係る助成事業「自動車由来樹脂リサイクル可能性実証」最終報告書」，『自動車リサイクル高度化財団公募事業報告書』https://j-far.or.jp/wp-content/uploads/2019report_YRI.pdf（最終閲覧日2022年10月8日）

参考Webサイト

Circular Plastics Alliance, Commitments and deliverables of the Circular Plastics Alliance. https://single-market-economy.ec.europa.eu/industry/strategy/industrial-alliances/circular-plas tics-alliance_en（最終閲覧日 2022 年 10 月 8 日）

European Automobile Manufacturers' Association, Average age of the EU vehicle fleet, by country. https://www.acea.auto/figure/average-age-of-eu-vehicle-fleet-by-country/（最終閲覧日 2022 年 10 月 8 日）

European Automobile Manufacturers' Association, Position Paper: EU Plastics Strategy. https://www.acea.auto/publication/position-paper-eu-plastics-strategy/（最終閲覧日 2022 年 10 月 8 日）

European Commission, End-of-Life Vehicles https://environment.ec.europa.eu/topics/waste-and-recycling/end-life-vehicles_en. https://eur-lex.europa.eu/legal-content/EN/TXT/PDF/?uri=CELEX：02000L0053-20130611&from=HU（最終閲覧日 2022 年 10 月 8 日）

European Commission, A EUROPEAN STRATEGY FOR PLASTICS IN A CIRCULAR ECONOMY. https://www.europarc.org/wp-content/uploads/2018/01/Eu-plastics-strategy-brochure.pdf（最終閲覧日 2022 年 10 月 8 日）

European Commission, Directive（EU）2019/904 of the European Parliament and of the Council of 5 June 2019 on the reduction of the impact of certain plastic products on the environment. https://eur-lex.europa.eu/eli/dir/2019/904/oj（最終閲覧日 2022 年 10 月 8 日）

European Commission, EUROPE2020 A European strategy for smart, sustainable and inclusive growth. https://ec.europa.eu/eu2020/pdf/COMPLET%20EN%20BARROSO% 20%20%20007%20-%20Europe%202020%20-%20EN%20version.pdf（最終閲覧日 2022 年 10 月 8 日）

European Commission, First circular economy action plan. https://environment.ec.europa.eu/topics/circular-economy/first-circular-economy-action-plan_en（最終閲覧日 2022 年 10 月 8 日）

European Commission, Plastic Waste: a European strategy to protect the planet, defend our citizens and empower our industries. https://ec.europa.eu/commission/presscorner/detail/en/IP_18_5（最終閲覧日 2022 年 10 月 8 日）

European Commission, Circular economy. https://environment.ec.europa.eu/topics/circular-economy_en. https://environment.ec.europa.eu/topics/plastics_en（最終閲覧日 2022 年 10 月 8 日）

Plastic Europe, Plastics 2030" Plastics Europe's Voluntary Commitment. https://plasticseurope.org/nl/knowledge-hub/plastics-2030-plasticseuropes-voluntary-commitment/（最終閲覧日 2022 年 10 月 8 日）

Polymer Comply Europe, The Usage of Recycled Plastics Materials by Plastics Converters in Europe. https://www.ahpi.gr/wp-content/uploads/2019/01/PCE-Report-2nd-EuPC-Survey-on-the-Use-of-rPM-by-European-Plastics-Converters-v.1_compressed.pdf. https://www.bpf.co.uk/Media/Download.aspx?MediaId=3008（最終閲覧日 2022 年 10 月 8 日）

Polymer Comply Europe, The Usage of Recycled Plastics Materials by Plastics Converters in Europe Second Edition. https://www.ahpi.gr/wp-content/uploads/2019/01/PCE-Report-2nd-EuPC-Survey-on-the-Use-of-rPM-by-European-Plastics-Converters-v.1_compressed.pdf（最終閲覧日 2022 年 10 月 8 日）

Renault Group. https://group.renault.com/en/our-commitments/respect-for-the-environment/circular-economy/（最終閲覧日 2022 年 10 月 8 日）

VolvoCars. https://www.media.volvocars.com/global/en-gb/media/pressreleases/230703/volvo-cars-aims-for-25-per-cent-recycled-plastics-in-every-new-car-from-2025（最終閲覧日 2022 年 10 月 8 日）

石塚化学産業株式会社. https://icskk.com/（最終閲覧日 2022 年 10 月 8 日）

いその株式会社. http：//www.isono21.co.jp/（最終閲覧日 2022 年 10 月 8 日）

環境省「プラスチック資源循環戦略」の策定について．https://www.env.go.jp/press/106866.html（最終閲覧日 2022 年 10 月 8 日）
環境省「プラスチックに係る資源循環の促進等に関する法律」．https://plastic-circulation.env.go.jp/（最終閲覧日 2022 年 10 月 8 日）
公益財団法人自動車リサイクル高度化財団．https://j-far.or.jp/project/（最終閲覧日 2022 年 10 月 8 日）
石油化学工業協会，汎用 5 大樹脂の用途別出荷内訳．https://www.jpca.or.jp/statistics/annual/5jusi.html（最終閲覧日 2022 年 10 月 8 日）
全日本プラスチックリサイクル工業会．http://www.jpra.biz/f01_jpra.html（最終閲覧日 2022 年 10 月 8 日）
トヨタ自動車 クルリサ クルマとリサイクル．https://global.toyota/pages/global_toyota/sustainability/report/kururisa_jp.pdf（最終閲覧日 2022 年 10 月 8 日）
日本プラスチック工業連盟．http://www.jpif.gr.jp/3toukei/conts/getsuji/2020/2020_genryou_c.htm（最終閲覧日 2022 年 10 月 8 日）
PET ボトルリサイクル推進協議会．https://www.petbottle-rec.gr.jp/data/calculate.html，https://www.petbottle-rec.gr.jp/guideline/jisyu.html（最終閲覧日 2022 年 10 月 8 日）
神奈川県「令和 3 年度神奈川県ペットボトル回収実証実験事業報告書」．https://www.pref.kanagawa.jp/documents/42781/r3modelhoukoku.pdf（最終閲覧日 2022 年 10 月 8 日）
ヴェオリアジャパン ユニリーバジャパン花王協働回収プログラム「みんなでボトルリサイクルプロジェクト」https://www.veolia.jp/ja/newsroom/news-20210908（最終閲覧日 2022 年 10 月 8 日）

（白鳥和彦）

第 6 章

サステナビリティ経営における コーポレートガバナンスの役割

1. はじめに　ガバナンスが規定する環境・社会課題への対応

近年，気候変動やサプライチェーンの人権問題，直近のコロナ禍など，企業の財務業績と企業価値に影響を及ぼす環境・社会課題が増加している。このため，企業に投資を行う機関投資家は，企業の環境（Environment），社会（Social），ガバナンス（Governance）への対応を重視したESG投資を拡大しており，企業もESGを意識した経営（サステナビリティ経営またはESG経営）を行うようになっている。このように，環境，社会課題への対応が企業の財務パフォーマンスに影響を与え，現在および将来の企業価値に影響を及ぼす可能性が高まっていることから，サステナビリティやESGを重視した経営は，コーポレートガバナンスにおける重要テーマになってきている[1]。実際，スチュワードシップ・コードやコーポレートガバナンス・コードでもサステナビリティ重視は改訂の毎に強調されている[2]。これは，環境・社会課題をガバナンス側から規定するよう制度化が進んでいると理解することができる。

サステナビリティや企業の社会的責任（CSR）とコーポレートガバナンスは，従来別々に議論されてきたが，近年これらは相互に関連する概念として捉えられるようになっている（谷本，2020：90-92）。

ESGの3つの各要素の関係性について，「コーポレートガバナンス（G）は，E（環境）とS（社会）を積極的・能動的に設計し，制御する役割を担うことが期待されている」（伊藤，2021：574）と，重要性が高まる環境・社会課題をガバナンス主導で制御することの重要性が指摘されている。しかし，特に近年の日本企業の経営において，ESG経営の意思決定がどのように行われているか，中でもガバナンス（G）の意思決定が，環境（E），社会（S）への対策にどのように影響を与えているかどうかについての分析はまだ十分に行われていない。そこで本章では，サステナビリティとコーポレートガバナンスに関する先行研究を概観し，本研究におけるリサーチ・クエスチョンを設定し，日本企業の気候変動対策を研究事例として，ESG 経営を実践する企業の経営構造，特にガバナンスが果たしている役割を分析した。

2. サステナビリティ経営とコーポレートガバナンスに関する先行研究

本節では，サステナビリティ経営とコーポレートガバナンスに関する先行研究を概観する。まず理論研究を概観し，次に実証研究を概観する。

2.1　理論研究

序論で述べたように，近年の ESG 経営重視の流れの中で，企業が，環境・社会課題にコーポレートガバナンスの枠組みの中で取り組む重要性が高まっている。先行研究についても，サステナビリティ経営や CSR 経営とコーポレートガバナンスの関係が考察されている。代表的な議論には以下のようなものがある。

谷本（2020）は，CSR やサステナビリティに関する課題はコーポレートガバナンスシステムの中で捉えられる必要があると指摘している。企業が環境問題や社会課題に経営を通じて取り組むということは，経営理念の中に位置付け，中期経営計画に組み込み，各部署，事業ごとに具体的な目標を立て，実施していくというマネジメントシステムを全体として統治していくシステムが必要であり，その意味で，コーポレートガバナンスのシステムの中で捕捉される必要があるとした。谷本（2020）は，株主利益を保護するという目的のために経営者の自己利益を抑制するために会社機関である株主総会，取締役会，監査役会等のあり方に焦点が当てられてきた従来のコーポレートガバナンスの議論を狭義のコーポレートガバナンスとし，CSRを踏まえた，株主の権利と同様にその他のステークホルダーの権利も保護するような経営体制を構築し，経営者の行動を全体としてコントロールするメカニズムを作り出すことが必要と指摘した（谷本，2020：90-92）。

伊藤（2020）は，ESG経営の重要性を議論する中で，2018年6月に改訂されたコーポレートガバナンス・コードの原則2-3「上場会社は，社会・環境問題をはじめとするサステナビリティ（持続可能性）を巡る課題について，適切な対応を行うべきである」や，補充原則2-30「取締役会は，サステナビリティ（持続可能性）を巡る課題への対応は重要なリスク管理の一部であると認識し，適確に対処するとともに，近時，こうした課題に対する要請・関心が大きく高まりつつあることを勘案し，これらの課題に積極的・能動的に取り組むよう検討すべきである」を示しながら，コーポレートガバナンス（G）は，環境保全（E）と社会課題への対応（S）を積極的・能動的に設計し，制御する役割を担うことが期待されていると指摘した。しかし同時に，コーポレートガバナンス・コードの原則4-1（取締役会の役割・責務（1））および原則5-2（経営戦略や経営計画の策定・公表）を示し，コーポレートガバナンスとして，環境保全（E）と社会課題への対応（S）を優先するがあまりに，資本生産性が低い状況が容認されるわけではない。資本生産性と持続可能性を二項対立的に捉えるのではなく，双方の両立を意識しながら中長期的に価値創造を高めることが企業には求められると指摘し，投資家への価値提供とその他のステークホルダーへの価値提供を同時に高いレベルで実現することを目指していくことがコーポレートガバナンスが果たすべき役割とした（伊藤，2020：574-575）。

2.2　実証研究

サステナビリティ経営とコーポレートガバナンスに関する実証研究で多くみられるのは，コーポレートガバナンスと環境パフォーマンスとの関係に関する研究であり，多くの研究が，コーポレートガバナンスが環境パフォーマンスに影響を与えると指摘している。それは，企業が環境問題に実効的に取り組むには広範な調整が必要であり，企業の影響力が組織の境界を越えてサプライチェーンや利害関係者グループ全体に拡大するからであり（Hart, 1995），企業の環境対策が多額の投資を必要とし，長期的な戦略的含意を持っているため，リスクを伴い，会社の資本構造とその存続可能性に重要な影響を与える可能性があるからである（Hart and Ahuja, 1996）。これらの先行研究は，企業が実効的に環境問題に対処するには戦略が必要であり，戦略を議論し意思決定して実行に移す際に影響を及ぼすのは，コーポレートガバナンスを構成する経営者，取締役会，株主であることから，コーポレートガバナンスは環境パフォーマンスに影響を与えるとしているのである。

コーポレートガバナンスとサステビリティ経営との関係に関する実証研究を分類すると，(1) 取締役会の構成に着目した研究，(2) 株主構成に着目した研究，(3) 取締役会の構成と株主構成の両方に着目した研究またはそれらに経営者も含めた研究，の3つに分類される。以下，それぞれ代表的な先行研究を概観する。

(1) 取締役会の構成に着目した研究

取締役会の構成に着目した研究の例としては，De Villiers et al.（2011）がある。同研究は，米国企業を対象に，強い環境パフォーマンスを発揮している企業の取締役会の特性との関係を調査した。調査対象は，米国企業1216社の2003年と2004年のデータを基にロジスティック回帰分析を行い，取締役会が持つ「監視」と「経営資源提供」という2つの役割から分析した。取締役会の監視の役割は，取締役会の独立性，CEOと議長の二重性，CEOの後に任命された取締役の集中度，取締役の株式保有とした。経営資源配分の役割は，取締役会の規模，取締役の兼任，他社CEOが取締役会にいること，取締役会の弁護士，取締役の在職期間を説明変数とした。その結果，以下の3点の結論を得た。

① 取締役会の独立性が高く（社外取締役比率が高く），CEOの後に取締役に任命された取締役の集中度が低い企業で環境パフォーマンスが高い。
② 取締役会が大きく，取締役会に現役のCEOが多く，取締役会に法律の専門家が多い企業ほど，環境パフォーマンスが高い。
③ 企業規模が大きく，収益性（ROA）が高く，環境問題に敏感な業種の企

業ほど，環境問題に積極的に取り組んでいる[3]

類似の研究として，コーポレートガバナンスのメカニズムとサステナビリティ・パフォーマンスの関係を分析した Hussain et al.（2016）がある。本研究では，仮説として，①社外取締役は社内取締役と比較して，株主からの短期利益極大化などの圧力を受けにくいため，社外取締役比率が高いほど，長期的視野を持ち，サステナビリティ・パフォーマンスが高い，②女性取締役は多様性を尊重する傾向があることから，女性取締役の比率が高いほどサステナビリティ・パフォーマンスが高い，という2点を設定し，Global Fortune 2013 のリストから抽出された米国企業100社の2007年から2011年のデータを用いてロジスティック回帰分析を行った。この場合，サステナビリティ・パフォーマンスは企業が発行するサステナビリティレポートの質を代理変数とした。その結果，社外取締役と女性取締役の比率が高く，サステナビリティ委員会が存在し，企業規模が比較的小さく，収益性（ROA）が高く，成長性（売上高の年間伸び率）が低い企業ほど，発行するサステナビリティレポートの質が高い傾向があることを指摘した。

(2) 株主構成に着目した研究

株主構成に着目してサステナビリティ経営とコーポレートガバナンスとの関係を分析した研究には Calza et al.（2014）がある。同研究では，ヨーロッパの企業を研究対象にして，企業の環境問題への取り組みの積極性に企業の所有構造がどのような影響を与えているのかを分析している。まず仮説として，①政府が株式を保有している企業は政府の環境政策の影響を強く受ける，②長期投資家は企業の環境問題への対応が長期的な競争優位性の獲得に繋がることを認識しているため，長期投資家の持株比率が高い企業ほど環境問題に積極的に取り組む，③株式が分散されていると，短期投資家から短期的利益追求の圧力を強く受ける，という3点を設定し，企業に調査票を送付し，企業が排出する温室効果ガスの排出量や，気候変動対策に関する情報公開を求め，収集した情報を機関投資家に提供する活動を行っている国際非営利組織 Carbon Disclosure Project（現 CDP）の2012年の質問に回答したドイツ，スイス，オーストリア，イタリア，フランス，スペイン，ポルトガルの企業778社を対象にロジスティック回帰分析を実施し，仮説を検証した。その結果，政府の持株比率が高く，株式の集中度が低く，企業規模が大きい企業ほど，気候変動対策に関する情報開示の質が高い傾向があるとした。

(3) 取締役会の構成と株主構成の両方に着目した研究または経営者の分析も含めた研究

(1) および (2) で概観した先行研究は，コーポレートガバナンスの第一次参加者[4]である取締役会と株主の構成が，それぞれ企業のサステナビリティ経営にどのような影響を及ぼしているかについて，取締役会や株主構成の特徴を回帰分析で分析していた。これらの先行研究に加えて，米国では取締役会と株主の構成に経営者の属性も組み合わせた分析も含めたより包括的な先行研究も行われている。その一つが Walls et al. (2012) である。

同研究は，コーポレートガバナンスの第一次参加者である株主・経営者・取締役のどのような特性が企業の環境パフォーマンスに影響を与えるのかを分析したものである。その際，被説明変数となる「環境パフォーマンス」を「強み」(Environmental strengths) と「課題（懸念事項)」(Environmental concerns) に区別して，それぞれに影響を与えるコーポレートガバナンスの要素を分析した[5]。具体的には，米国の S&P 500 指数を構成する 500 社の中から第一次産業と製造業に属する 313 社を抽出し，1997 年から 2005 年のデータを使ってロジスティック回帰分析を行った。分析を行うにあたり，コーポレートガバナンスと環境パフォーマンスの関係性について以下のようなリサーチ・クエスチョン 4 点を設定した。

RQ1：企業の所有構造と環境パフォーマンスはどのような関係か？

RQ2：取締役会は環境パフォーマンスにどのような影響を与えるか？

RQ3：環境パフォーマンスに対して経営者のインセンティブはどのような役割を果たすか？

RQ4：取締役会，投資家，経営者は，環境パフォーマンスの結果を達成するためにどのように相互作用するか？

分析の結果，コーポレートガバナンスの 3 つの側面（所有構造（株主)，取締役会，経営者）のすべてが環境パフォーマンス（環境面の強みと環境面の課

図表 6－1　サステナビリティ経営とコーポレート・ガバナンスの関係に関する主な先行研究（実証研究）

著者名	発表年	対象国・地域等	対象年度	被説明変数	有意な関係を示す主な説明変数	社外取締役比率(+)	女性取締役比率(+)	企業規模(+)	業種(+)	機関投資家持株比率(+)	収益性(+)
De Villiers et al.	2011	米国	2003年, 2004年	環境対応の有無	社外取締役比率(+), 企業規模(+), 収益性(+), 業種(+)	+		+	+		
Harjoto and Jo	2011	グローバル	1993-2004年	CSR 対応の有無	社外取締役比率(+), 機関投資家持株比率(+), 担当アナリスト数(+), 企業規模(+), 収益性(+), 負債比率(－)	+		+		+	+
Mallin and Michelon	2011	米国	2005-2007年	CSR 対応の質	社外取締役比率(+), 地域に影響力のある取締役比率(+), 女性取締役比率(+), 企業規模(+), 業種(－)	+	+	+	－		
Oh et al.	2011	韓国	2005年	CSR 対応の質	機関投資家持株比率(+), 経営者持株比率(－), 外国人持株比率(+), 企業規模(+), 業種(+)	+		+	+	+	
Post et al.	2011	グローバル	2006年, 2007年	環境対応の質	社外取締役比率(+), 3名以上の女性取締役の有無(+), 業種(+)	+			+		
Kock et al.	2012	米国	1998年, 2000年	化学廃棄物の量	社外取締役比率(+), ステークホルダー取締役比率(－), 投資信託持株比率(－), 企業規模(+), 業種(+)	+		+	+		
Walls et al	2012	米国	1997-2005年	環境対応の質	社外取締役比率(+), 所有構造(+)企業規模(+), 経営者のインセンティブ(+)	+		+			
Ntim and Soobaroyen	2013	南アフリカ	2002-2009年	CSR 開示の質	社外取締役比率(+), 取締役会の多様性(+), 機関投資家持株比率(－), 政府持株比率(+), 企業規模(+)	+	+	+		+	
Calza et al.	2014	欧州大陸7カ国	2012年	CDP に基づく開示の質	州／政府持株比率(+), 株式集中(－), 企業規模(+), 収益性(－)			+			－
Ben-Amar and-Mcllkenny	2015	カナダ	2008-2011年	CDP の質問への回答の有無	効果的な取締役会(+), 企業規模(+), 収益性(+), NYSE への上場(+)	+		+			+
Hussain et al.	2016	米国	2007-2011年	サステナビリティレポートの質	社外取締役比率(+), 女性取締役比率(+), 企業規模(－), 収益性(+), 成長性(－)	+	+	－			+
Kayser et al.	2016	グローバル 44 か国 2,604社	2004-2008年	UNGC 参加の有無	企業規模(+), 開示の質(+), 人権への関心(+), NGO 数(国別)(+)			+			
林	2016	日本企業(東洋経済 CSR 総覧掲載上場 927社)	2014年, 2015年	ISO26000 の活用度	社外取締役比率(+), 機関投資家持株比率(+), 企業規模(+)	+		+		+	
林	2018	日本企業(JPX400構成企業 387社)	2015年	UNGC 参加の有無	企業規模(+), 海外要因(+), 社外取締役比率(+), 成長性(－)	+		+			

（出所）林（2016）の整理をベースに各論文を要約して検討した

題）に影響を与えていると結論付けた。所有構造は企業の環境面の強みに強く関連し（RQ1），取締役会は環境面の懸念事項（課題）に強く関連している（RQ2）とした。また，CEOが高い賞与等のインセンティブを得るとき，より多様性が高い取締役会とより大規模な取締役会と組み合わせると最も高い環境パフォーマンスを実現するとした（RQ3）。そして，株式所有構造と取締役会の間の相互作用は，環境面の懸念事項（課題）に関係するが，株式所有構造と経営者及び取締役会と経営者の相互作用は，環境面の機会（強み）に関係するとした（RQ4）。

以上，本節で概観してきた先行研究結果の要約を表に整理したものが図表6－1である。これを見るとサステナビリティ経営にプラスの影響を与えるとされた説明変数の中で，社外取締役比率（14件中12件）と企業規模（14件中12件）が多くの先行研究で指摘されている。

2.3　本研究におけるリサーチ・クエスチョン

前項までに概観した先行研究は，多くが米国やヨーロッパ諸国の企業を対象にしてサステナビリティ経営とコーポレートガバナンスとの関係，具体的にはサステナビリティ経営の実効性に影響を与えるコーポレートガバナンスの特性を分析したものであった。これらの研究を通じて示唆された結論は，コーポレートガバナンスの第一次参加者とされる取締役会の構成，株主の構成，経営者の権限・付与されたインセンティブがサステナビリティ経営に影響を与えているというものであった。

これらの先行研究に基づき，本章では，企業に喫緊の対応が求められている気候変動対策を取り上げ，コーポレートガバナンスが気候変動対策にどのような影響を及ぼしているのかということをリサーチ・クエスチョンとし，日本企業を対象に分析することとした。その理由（課題認識）は以下のような点である。

IPCC（気候変動に関する政府間パネル）は，パリ協定で合意した今世紀末までの世界の気温上昇を2℃未満に抑える目標を実現するためには，2030年時点の排出量を2010年比で25%削減，1.5℃以内に抑えるには45%削減する必要があるとしているが，国連気候変動枠組条約事務局は，2021年10月に発表したパリ協定に基づいて各国が提出した2030年の温室効果ガスの排出削減目標の分析結果において，2030年時点の世界の温室効果ガス排出量は10年比16%増の見通しを示しており，現状の目標ではパリ協定の達成は困難との評価をしている[6]。

このような現状を踏まえ，CO_2排出量の多くを占める企業は，温室効果ガス排出量の一層の削減に取り組む必要があるが，現状は企業によって取り組みに差があるように見受けられる。したがって，このような企業間で気候変動対策の差を生み出している要因を明らかにすることは意義があると考えられる。このような課題認識から，次節において日本企業の気候変動対策の現状を分析し，コーポレートガバナンスがどのような影響を及ぼしているかを考察することとした。

3. 日本企業の気候変動対策の現状分析

本節では，日本企業の気候変動対策への取り組みを研究事例として，コーポレートガバナンスがどのような影響を及ぼしているかを分析する。まず，3.1で2017年に発表されたTCFD提言を概観し，機関投資家が企業にガバナンス主導の気候変動対策を求めていることを確認する。次に，3.2で，日本企業の脱炭素化に向けた取り組みについて，(1) 企業の脱炭素化が意味すること，(2) 分析方法，(3) 分析結果，を説明する。そして，これらに基づき，CO_2排出量を継続的に削減している企業においてコーポレートガバナンスがどのような役割を果たしているのかをさらに分析する。

3.1　TCFDが求めるガバナンス主導の気候変動問題

現在，ガバナンス主導で取り組みが強く求められている環境・社会課題の一つが気候変動問題である。2017年のTCFD提言[7]により，世界の金融業界が懸念する気候変動問題が企業財務に及ぼす影響とその対応策に関する情報開示

図表6－2　TCFD提言の開示推奨項目

分野	開示に関する基本的な考え方		推奨される開示内容
ガバナンス	気候関連のリスク及び機会に関わる組織のガバナンスを開示する。	a	気候関連のリスクおよび機会を評価・管理する上での取締役会による監視体制を説明する
		b	気候関連のリスクおよび機会を評価・管理する上での経営者の役割を説明する。
戦略	気候関連のリスク及び機会がもたらす組織のビジネス・戦略・財務計画への実際の及び潜在的な影響をそのような情報が重要な場合は開示する。	a	組織が識別した，短期・中期・長期の気候関連のリスクおよび機会を説明する
		b	気候関連のリスク及び機会が組織のビジネス・戦略・財務計画に及ぼす影響を説明する
		c	2℃未満シナリオを含む様々な気候関連シナリオに基づく検討を踏まえ，組織の戦略のレジリエンスを説明する。
リスク管理	気候関連リスクについて，組織がどのように識別・評価・管理しているかについて開示する	a	組織が気候関連リスクを識別・評価するプロセスを説明する
		b	組織が気候関連リスクを管理するプロセスを説明する
		c	組織が気候関連リスクを識別・評価・管理するプロセスが組織の総合リスク管理にどのように統合されているかについて説明する。
指標と目標	気候関連のリスク及び機会を評価・管理する際に使用する指標と目標を，そのような情報が重要な場合は開示する。	a	組織が，自らの戦略とリスク管理プロセスに即して，気候関連のリスクおよび機会を評価する際に用いる指標を開示する
		b	Scope1，Scope2および当てはまる場合はScope3の温室効果ガス排出量と，その関連リスクについて開示する
		c	(c)組織が気候関連リスクおよび機会を管理するために用いる目標，および目標に対する実績について説明する。

（出所）The Task Force on Climate-related Financial Disclosures, "Final Report : Recommendations of the Task Force on Climate-related Financial Disclosures（June 2017）"および「気候関連財務情報開示タスクフォースによる提言　最終報告書」，気候関連財務情報開示タスクフォース（2017）を一部筆者変更

の枠組が公式に提示されたことにより，企業と投資家の双方において気候変動への取り組みが加速している。TCFD提言は，気候変動が企業活動に及ぼすリスクと機会を明らかにし，これらのリスクと機会が企業の財務面にどのように影響を及ぼすのかを明らかにすることを求めている。そして，気候変動が自社に及ぼすリスクと機会を明確化した後，対処方針を経営戦略に統合し，目標と指標（KPI）を設定して，経営課題として日々管理し，取り組んだ結果を包

括的に投資家に開示することを求めている。これをガバナンス主導で推進することが極めて重要と強調しており，気候関連のリスクおよび機会を評価・管理する上での取締役会による監視体制および経営者の役割を説明するよう求めている（図表6－2）。

3.2　日本企業の脱炭素化に向けた取り組みの現状分析

(1) 企業の脱炭素化が意味すること

前項で概観したように，TCFDは，気候変動が企業財務に及ぼす影響を把握し，ガバナンス主導で適切にリスク管理することを求めている。同時に，自社事業で気候変動対策になる事業機会を創出できるのであれば積極的な取り組みを求めている。

企業に求められる具体的な取り組みは企業活動の脱炭素化である。企業活動の脱炭素化とは，主にサプライチェーンを含む事業プロセスでのCO_2排出量を削減することと，自社が生産する製品が排出するCO_2排出量を削減することを意味する[8]。英国やフランス，米国カリフォルニア州等の国や地域で，自動車メーカーがガソリンエンジン車を製造することを禁止する法律の制定が相次ぎ，CO_2排出量を厳しく制限する規制がグローバルで強化されている。さらに消費者の企業を見る目も厳しくなっているため，CO_2排出量が多い企業は，これまで以上に法的なリスクやレピュテーションリスクを抱えることになる。したがって，企業は事業プロセスや製品の使用段階で発生するCO_2排出量を削減することが喫緊の課題になっている。

一方企業はゴーイングコンサーンとして，将来にわたって事業を継続する前提で活動しており，そのために収益拡大を追求する。これまで多くの企業がCO_2排出量を増大させながら事業活動を行い，収益拡大を実現してきた。しかし現在はCO_2排出量を削減しながら収益拡大を目指すことが求められている。

経済成長と環境負荷の関係を分析したOECD（2002）は，「経済成長から環境負荷を切り離すこと」をデカップリングと定義し，「絶対的デカップリング」と「相対的デカップリング」に分類している。絶対的デカップリング

図表6－3　OECD（2002）に基づく企業の脱炭素化のデカップリング類型

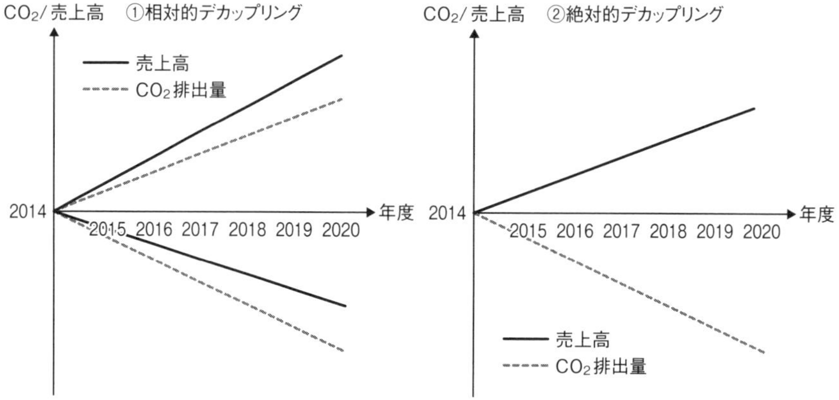

（出所）：OECD（2002）のデカップリング定義を基に筆者作成

（Absolute decoupling）とは，経済が成長する一方で環境負荷が減少する状態である。相対的デカップリング（Relative decoupling）とは，経済成長に伴って環境負荷も増大するが，環境負荷が経済成長ほど増大しない状態である。本章では，デカップリングに関するOECD（2002）の定義およびOECD（2002）の定義を拡張した高井（2010）の定義を企業に適用し，デカップリングを「売上単位あたりの温室効果ガスの排出量（炭素効率）が減少している状態」とし，このうち，売上が増加している一方で温室効果ガスの排出量が安定または減少しているデカップリングを「絶対的デカップリング」，それ以外のデカップリングを「相対的デカップリング」と定義した。このうち，CO_2総排出量が減少する絶対的デカップリングの方がパリ協定と整合的になる。

(2)　日本企業の脱炭素化に向けた取り組み

①　分析の方法

日本企業が脱炭素化に向けてどの程度取り組みが進んでいるかを把握することを目的に以下の分析を行った。

▶分析期間は2016年度（2017年3月期）から2020年度（2021年3月期）の5年間とした。

▶分析対象企業は代表的な日本企業で構成される日経225構成企業とし，CO_2排出量データ（GHGプロトコルに基づくScope1＋Scope2[9]）を比較可能な状態で開示し，かつ2016年度のCO_2排出量が100万トン以上である企業52社とした。

▶分析方法は，調査対象52社が2016年度から2020年度の5年間の間に事業活動を通じて排出した毎年度のCO_2排出量と各期の売上の変化率の関係を4象限マトリックスにマッピングして分析した。

② 分析結果

52社の分析期間5年間のCO_2排出量の変化率と売上の変化率の組み合わせは，図表6-4で示されるように6つのパターンが存在した。この6つのパターンは，大きく分けて，第3象限から第1象限へ向かって伸びる実線の上側のゾーンと下側のゾーンの2つに分けられる。

第3象限から第1象限へ向かって伸びる実線の上側に位置する（A），（B），（C）の3つのゾーンに入る企業は，売上当たりのCO_2排出量（炭素効率）が減少（改善）した企業群である（炭素効率改善企業）。一方で，実線の下方に位置する，（D），（E），（F）の3つのゾーンに入る企業は，売上当たりのCO_2排出量が増加した企業群である。これらは炭素効率が悪化した企業である。以下，それぞれのゾーン毎に見ていく。

（A）ゾーンに位置する企業は，CO_2排出量を減少させ，売上を伸ばした企業であり，（1）で定義した「絶対的デカップリング」実現企業となる。今回の調査では，トヨタ自動車，ダイキン工業，セブン&アイ・ホールディングス，京セラ等，16社が該当した。この16社はCO_2排出量が平均11.9%減少した一方で，売上が平均5.7%増加した。個別企業では，例えばダイキン工業は，2016年度から20年度の5年間において，CO_2排出量を19.2%削減しつつ，売上を16.4%拡大させている。

（B）ゾーンに位置する企業は，CO_2排出量と売上が共に増加したが，CO_2排出量の増加率以上に売上が増加して炭素効率が改善した企業である。今回の調査では，住友化学，トクヤマ，KDDI，TDK，ソニーの5社が該当した。この5社はCO_2排出量が平均2.9%増加した一方，売り上げが平均8.3%増加し，売上当たりのCO_2排出量で測定される炭素効率は改善している。

図表6－4　日経225調査対象52社のCO_2排出量と売上の変化率（2016-20年度）

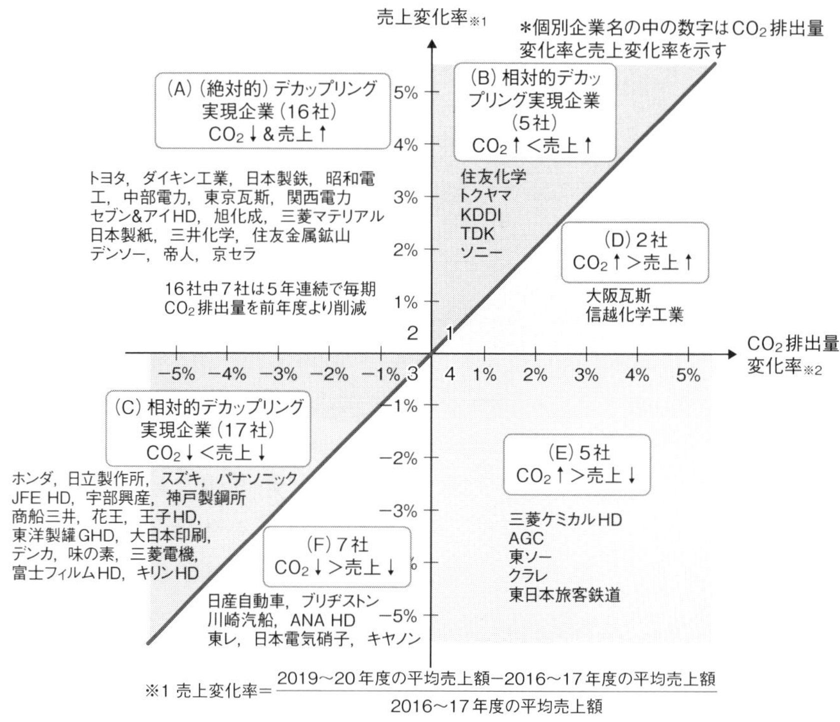

※1 売上変化率＝$\dfrac{\text{2019～20年度の平均売上額}-\text{2016～17年度の平均売上額}}{\text{2016～17年度の平均売上額}}$

※2 CO_2排出量変化率＝$\dfrac{\text{2019～20年度の平均}CO_2\text{排出量}-\text{2016～17年度の平均}CO_2\text{排出量}}{\text{2016～17年度の平均}CO_2\text{排出量}}$

（出所）筆者作成

（C）ゾーンに位置する企業は，CO_2排出量と売上が共に減少したが，CO_2排出量の減少率が売上の減少率以上に大きく，炭素効率が改善した企業群である[10]。今回の調査では，本田技研工業，日立製作所，スズキ，パナソニック，JFEホールディングス等，17社が該当した。17社のCO_2排出量の平均削減率は14%，売上の平均減少率が5%であり，炭素効率は改善した。

一方，（D），（E），（F）の3つのゾーンに入った企業は，炭素効率が悪化した企業である。

（D）ゾーンに位置する企業は，CO_2排出量と売上が共に増加したが，CO_2

排出量の増加率が売上の増加率を上回り炭素効率が悪化した企業である。今回の調査では，大阪瓦斯と信越化学工業の2社が該当した。この2社の CO_2 排出量の平均増加率は15.1%，売上の平均増加率が11.8%であり，炭素効率は悪化した。

(E) ゾーンに位置する企業は，CO_2 排出量が増加した一方で，売上が減少し，炭素効率が悪化した企業群である。今回の調査では，三菱ケミカルHDやAGC等，5社が該当した。この5社の CO_2 排出量の平均増加率は15%，売上の平均減少率が6.9%であり，炭素効率は悪化した。

(F) ゾーンに位置する企業は，CO_2 排出量と売上が共に減少したが，CO_2 排出量の減少率以上に売上の減少率が大きい結果，炭素効率が悪化した企業である。このゾーンには，日産自動車，ブリヂストン，川崎汽船，ANAホールディングス，東レ等，7社が該当した。7社の CO_2 排出量の平均削減率は16.2%，売上の平均減少率が22.2%であり，炭素効率は悪化した。

分析結果を要約すると以下のようになる。

① 調査対象52社の73%にあたる38社が売上当たりの CO_2 排出量を減少させ，炭素効率を改善していた（図表6-4の(A)+(B)+(C)）。一方，全体の27%にあたる14社については，売上当たりの CO_2 排出量を増加させ，炭素効率を悪化させていた（図表6-4の(D)+(E)+(F)）。

② 炭素効率を改善した38社のうち，CO_2 排出量の総量を削減して炭素効率を改善した企業は (A) と (C) のゾーンに入った33社（全体の63%）であり，このうち (A) ゾーンに入った16社（全体の30%）が，CO_2 排出量の総量を削減して売上を成長させ (1) で定義した絶対的デカップリングを実現していた。

③ 売上変化率に関わらず純粋に CO_2 排出量を5年間で減少させた企業は全体の77%にあたる40社であった（図表6-4の(A)+(C)+(F)）。

(3) 考察

前節で行った分析は，日本企業が脱炭素化に向けてどの程度取り組みが進んでいるかを把握することを目的に，2016年度（2017年3月期）から2020年度（2021年3月期）の5年間を分析対象期間として，代表的な日本企業で構成される日経225構成企業の中でCO_2排出量データ（GHGプロトコルに基づくScope1＋Scope2）を比較可能な状態で開示し，かつ2016年度のCO_2排出量が100万トン以上である企業52社を分析したものであった。

具体的には，分析対象の52社が調査対象期間の5年間に事業活動を通じて排出した毎年度のCO_2排出量と各期の売上の変化率の関係を4象限マトリックスにマッピングして分析した。マッピングの状況については前項で既述した通りであるが，本項では，マッピングの結果から，CO_2排出量を継続的に削減している企業またはCO_2排出量を継続的に削減しながら同時に売上を伸ばしている企業にはどのような特性があるのかを考察したい。

今回の分析を通じ，CO_2排出量と売上の変化率の組み合わせを6つのゾーンに分類した。当然，各ゾーンにマッピングされる企業は，時間の経過とともに変化していくと考えられるが，企業がパリ協定の下でCO_2排出量を総量で削減しながら持続的な成長を求められていることを考えれば，企業は6つのゾーンのうち，（A）ゾーンに入る絶対的デカップリングを実現することが望ましい。絶対的デカップリング実現企業は，現在世界規模で投資金額が拡大しているESG投資の投資対象になっている。絶対的デカップリングが実現できない場合は，少なくとも売上当たりのCO_2排出量として計算される炭素効率の改善が求められる（ゾーン（B）と（C））。但し，ゾーン（B）の企業については，CO_2排出量を増加させているため，中長期には排出量を総量で削減していく必要がある。一方で，（D），（E），（F）の各ゾーンに位置づけられた企業は，いずれも炭素効率を悪化させた企業であり，中でも（D）ゾーンと（E）ゾーンにマッピングされる企業は，CO_2排出量を増加させているため，（B）ゾーンにマッピングされた企業と同様に，中長期的に排出量を総量で削減していく必要がある。

ところで，第2節で概観した欧米の先行研究には，コーポレートガバナンスにおいて社外取締役の比率が高いと環境パフォーマンスの改善度が高い傾向にあるという結果を示す先行研究が見られた。今回調査した52社について，同様の傾向がみられないかを確認したいと考え，図表6－4で2016年度から2020年度の5年間の間に事業活動を通じて排出した毎年度のCO_2排出量と各期の売上の変化率の関係をマッピングした6つのゾーンのそれぞれについて，

図表 6－5　調査対象 52 社のコーポレート・ガバナンス，TCFD 賛同，SBT 認定・申請状況

CO_2排出量	CO_2排出量と売上のトレンド	図中のゾーン	企業数	炭素効率	社外取締役比率（平均）	女性取締役比率（平均）	外国人株主比率	金融機関持株比率	TCFD 賛同		SBT認定·申請中	
									企業数	%	企業数	%
減少	CO_2↓，売上↑	(A)	16	改善	27%	9%	29%	35%	15	94%	3	19%
	CO_2↓ > 売上↓	(C)	17	改善	34%	7%	32%	36%	13	76%	9	53%
	CO_2↓ > 売上↓	(F)	7	悪化	32%	6%	35%	29%	5	71%	2	29%
	小計		40		31%	7%	32%	33%	33	83%	14	35%
増加	CO_2↑ < 売上↑	(B)	5	改善	45%	3%	36%	32%	2	40%	3	60%
	CO_2↑ > 売上↑	(D)	2	悪化	20%	4%	34%	43%	2	100%	0	0%
	CO_2↑，売上↓	(E)	5	悪化	27%	7%	26%	35%	3	60%	0	0%
	小計		12		31%	5%	32%	37%	7	58%	3	25%

（出所）筆者作成。TCFD 賛同状況は TCFD コンパス研究会 HP，SBT 認定・申請は WWF-Japan HP を参照した（閲覧日：2020 年 11 月 1 日）。社外取締役比率，外国人株主比率，金融機関持株比率は，週刊東洋経済（2016）『CSR 企業総覧 2017 年版（ESG 編）』を参照した。

コーポレートガバナンスに関わる社外取締役比率，女性取締役比率，外国人株主比率，金融機関持株比率および，気候変動対策への取り組み度を直接的に示すと考えられる TCFD 賛同比率，SBT 認定・申請比率を比較した（図表 6－5）。

これを見ると，6 つのゾーンのうち，特定のゾーンが，社外取締役比率，女性取締役比率，外国人株主比率，金融機関持株比率で他のゾーンとは異なる比率になっている等の現象は見られず，CO_2 排出量の削減が進んでいる企業の比率が高い等の傾向はみられなかった。また，本節の（2）で行った分析で明らかになった，5 年間に CO_2 排出量を削減しながら売上を伸ばした企業（絶対的デカップリング実現企業）を被説明変数とし，2016 年度時点の社外取締役比率，女性取締役比率，外国人株主比率，金融機関持株比率を説明変数として，ロジスティック回帰分析を行ってみたが，いずれの説明変数も被説明変数を有意に説明しなかった。また，被説明変数を絶対的デカップリング実現企業ではなく，CO_2 排出量を 5 年間で削減した企業とした場合も同じ結果であった。母数が 52 社と少なかったということもあるが，今回の分析結果に関しては，企業の CO_2 排出量の継続的な削減や絶対的デカップリング実現に影響を与える変数としては，コーポレートガバナンスに関する社外取締役比率，女性取締役比率，外国人株主比率，金融機関持株比率は有意な関係性が示されなかった。

一方，図表6－5において，実際の気候変動対策であるTCFD賛同やSBT認定・申請は，CO_2を削減している企業と増加させている企業では，比率に差がみられた。すなわち，調査期間中にCO_2排出量を減少させた企業のTCFD賛同比率が83%であったのに対してCO_2排出量を増加させた企業の同比率は58%にとどまっていた。また，自社のCO_2排出量の削減を対外的に宣言するSBT認定および申請比率についてもCO_2排出量を減少させた企業の比率が35%であったのに対し，CO_2排出量を増加させた企業の比率は25%にとどまっていた。具体的な気候変動対策の有無は，CO_2排出量の増減というパフォーマンスに影響を与えている可能性があると考えられる。では，実効性の高い気候変動対策を実施できている企業とそうではなない企業には，社内の体制，特にガバナンスの体制にどのような差があるのだろうか。次にこの点を実際の企業事例を基に検討したい。

(4) 同一業種内の炭素効率改善企業と悪化企業の比較

本項では，(2) で行った分析結果から，同一業種で，絶対的デカップリング実現企業を含む炭素効率改善企業と悪化した企業の比較を行い，その要因を主にガバナンスの視点から考察したい。

今回は，比較的業種の数が多かった化学業界から，絶対的デカップリングを実現した2社とCO_2排出量が増加し，環境効率が悪化した2社を抽出し，コーポレートガバナンスにおいて気候変動問題にどのように対応しているのかを整理し比較検討することにした。これらの企業は，2016年度というある一時点の取り組みを分析したものであり，その後各社の取り組みは進化していることからA社，B社，C社，D社と表記している。

この4社の調査対象5年間のCO_2排出量の推移と売上の推移は図表6－6で示した通りである。A社とB社は，分析対象期間である2016年度から2020年度の間に，CO_2排出量をそれぞれ11.6%，7.9%削減しつつ，売上をそれぞれ0.8%，8.5%伸ばし，絶対的デカップリングを実現している。一方，C社とD社は，同じ期間に，CO_2排出量がそれぞれ3.5%，36.5%増加し，売上

図表 6－6　同一業種における炭素効率改善企業と悪化企業の CO_2 排出量と売上の変化率（2016-20 年度）

企業名	業種	CO_2 排出量（SCOPE 1+2）（単位：トン）								売上（単位：百万円）			炭素効率変化率	炭素効率改善/悪化率	絶対的デカップリング実現
		2016年度	2017年度	2018年度	2019年度	2020年度	2016-17年度平均（①）	2019-20年度平均（②）	変化率（②-①）/①	2016-17年度平均（③）	2019-20年度平均（④）	変化率（④-③）/③			
A社	化学	5,730,000	5,580,000	5,220,000	5,060,000	4,933,000	5,655,000	4,996,500	-11.6%	1,270,404	1,280,624	0.8%	-12%	改善	○
B社	化学	4,350,000	4,210,000	4,160,000	3,990,000	3,890,000	4,280,000	3,940,000	-7.9%	1,962,604	2,128,849	8.5%	-15.3%	改善	○
C社	化学	7,539,000	8,143,000	8,236,000	8,194,000	8,030,000	7,841,000	8,112,000	3.5%	782,943	759,467	-3.0%	6.7%	悪化	
D社	化学	2,236,000	2,362,000	3,188,000	3,231,000	3,045,000	2,299,000	3,138,000	36.5%	560,719	541,797	-3.4%	40.7%	悪化	

（出所）同一業種における炭素効率改善企業と悪化企業の CO_2 排出量と売上の変化率（2016-20 年度）

がそれぞれ 3%，3.4%減少し，炭素効率が悪化した。

一方，この 4 社のコーポレートガバナンスに関する基本的なデータを比較するために表にしたものが図表 6－7 である。コーポレートガバナンス関連のデータを 2016 年度のデータとしたのは，CO_2 排出量の変化率が 2016 年度から 2020 年度のデータであるため，コーポレートガバナンスが CO_2 排出量の増減に影響を与えているのではないかとの仮説を検証するためには，確認すべきコーポレートガバナンスの状況は分析期間の開始時点を確認すべきと考えたからである。

図表 6－7 を見ると，機関設計や外国人持株比率，機関投資家持株比率等で大きな差は見られない。ただ，社外取締役比率については炭素効率を改善し，同時に絶対的デカップリングを実現した A 社と B 社の 2 社の方が，社外取締役比率が相対的に高いことが見てとれる。しかし，これだけでは，炭素効率改善企業の社外取締役比率が相対的に高いことと，CO_2 排出量の削減に因果関係があるかは不明である。

そこで，3.1 で概観した TCFD 提言の開示フレームワークを用いて，2016 年度時点の各社の取り組みを評価することにした。既述したように，TCFD 提言は，気候変動問題が企業財務に及ぼす影響を懸念した世界の機関投資家の声を背景に，気候変動が企業に及ぼすリスクと機会を明らかにし，これらのリスクと機会が企業の財務面にどのように影響を及ぼすのかの経路を明らかにすることを求めている。具体的には提言が示した 4 分野 11 項目を通じて，コー

図表6-7　同一業種における炭素効率改善企業と悪化企業のコーポレート・ガバナンス（2016年度）

企業名	業種	炭素効率改善/悪化	絶対的デカップリング実現	コーポレート・ガバナンス（取締役会・投資家）2016年度								
				取締役人数合計	社外取締役人数	社内取締役人数	社外取締役比率	女性取締役人数	女性取締役比率	機関設計	外国人持株比率	機関投資家持株比率
A社	化学	改善	○	8	3	5	38%	1	13%	監査役会設置	34%	39%
B社	化学	改善	○	9	3	6	33%	1	11%	監査役会設置	32%	43%
C社	化学	悪化		10	2	8	20%	0	0%	監査役会設置	26%	45%
D社	化学	悪化		12	2	10	17%	1	8%	監査役会設置	35%	45%

（出所）東洋経済新報社編『CSR企業総覧2017年版（ESG編）』から引用

ポレートガバナンスの主たる当事者である取締役会と経営者が気候変動対策に経営課題として取り組む体制を構築して，気候変動に関するリスクと機会を認識し，対処方針を経営戦略に統合し，目標と指標（KPI）を設定して，取り組んだ結果を包括的に投資家に情報開示することを求めている。この4分野11項目は，企業による気候変動対策推進に加え，企業の気候変動対策の評価にも活用できると考えられる。したがって，TCFD提言が公表された2017年の7月以前の企業の取り組みに当てはめれば，企業が実効的な気候変動対策と考えられるTCFD提言をどの程度前倒しで実施していたかを測定する尺度にもなりえると考えられる。このような認識から，今回検討している化学4社の2016年度における気候変動対策が，TCFD提言が求める取り組みをどの程度実施しているかを評価した。具体的には，TCFD提言が開示を推奨する11項目の各項目を取り組みに応じて0，1，2点で評価した（図表6-8）。評価結果は，全体として，炭素効率を改善し，絶対的デカップリングを実現していたA社とB社が相対的により多くのTCFD提言の項目に沿った取り組みを行っていることがわかった。特に2016年度時点でのガバナンスの関与に関しては，4社とも取締役会が直接的に関与しているとの記述はなかったが，A社とB社は，代表取締役である社長が直接関与している旨の記述があり，経営者が気候変動対策にリーダーシップを発揮していると推定された。

図表6－8　TCFD開示フレームワークで評価した化学4社の気候変動対策（2016年度）

TCFD開示推奨項目	A社	B社	C社	D社
ガバナンス（気候関連のリスクおよび機会に関わる組織のガバナンスを開示する）				
(a) 取締役会による監視体制 (気候関連のリスクおよび機会についての取締役会による監視体制)	1	1	1	1
(b) 経営者の役割 (気候関連のリスクおよび機会を評価・管理する上での経営者の役割)	2	2	0	1
ガバナンススコア計	3	3	1	2
戦略（気候関連のリスクおよび機会がもたらす組織のビジネス・戦略・財務計画）				
(a) リスクおよび機会の内容 (組織が識別した，短期・中期・長期の気候関連のリスクおよび機会)	0	0	0	0
(b) リスク・機会がビジネス・戦略・財務計画に及ぼす影響 (気候関連のリスクおよび機会がビジネス・戦略・財務計画に及ぼす影響)	0	0	0	0
(c) 戦略のレジリエンス (様々な気候関連シナリオに基づく企業の戦略のレジリエンス)	0	0	0	0
戦略スコア計	0	0	0	0
リスク管理（気候関連リスクの識別・評価・管理の内容）				
(a) リスクの識別・評価プロセス (気候関連リスクを識別・評価するプロセス)	2	1	0	1
(b) リスクの管理プロセス (気候関連リスクを管理するプロセス)	1	1	0	1
(c) 総合リスク管理への統合度 (気候関連リスクを識別・評価・管理するプロセスの総合リスク管理への統合度)	0	0	0	0
リスク管理スコア計	3	2	0	2
指標と目標（気候関連のリスクおよび機会を評価・管理する指標と目標）				
(a) 採用している指標 (気候関連のリスクおよび機会を評価する際に用いる指標)	2	2	1	1
(b) GHG排出量と関連リスク (Scope1，Scope2およびScope3の温室効果ガス排出量と関連リスク)	2	2	0	0
(c) 設定している目標と実績 (気候関連リスクおよび機会を管理するために用いる目標および実績)	2	2	1	2
指標と目標スコア計	6	6	2	3
スコア合計	12	11	3	7

（出所）各社のサステナビリティレポート2016年度版の記載内容を筆者が評価し作成

図表6－9　化学4社の気候変動対策情報開示（2016年度）のTCFD提言に基づくスコアリング結果

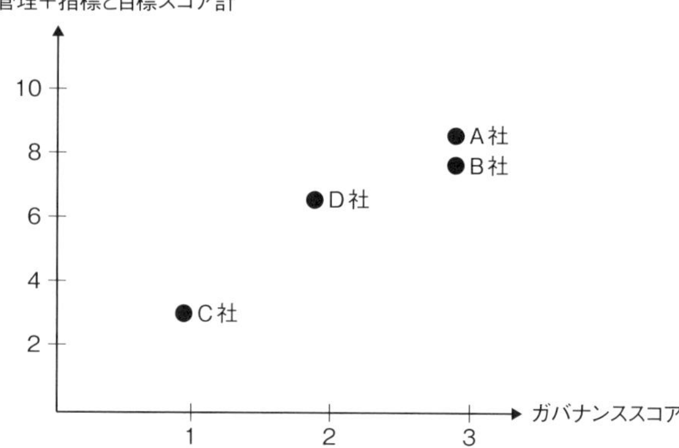

（出所）筆者作成

例えば，B社は，「健康で快適な生活と環境と共生の実現を通して世界の人々に新たな価値を提供し，社会的課題の解決を図っていく」とのグループビジョンを実現するため，持株会社社長の直下に，「リスク・コンプライアンス委員会」，「レスポンシブル・ケア（RC）委員会」，「地球環境対策推進委員会」，「社会貢献委員会」という4つの委員会を設置し，最初の2つの委員会は社長自らが委員長を務め，残りの2つの委員会は，それぞれ社長が指名した担当の執行役員が委員長を務めて，経営トップが直接関与する形で気候変動対策を含む環境対策を推進しているとの記述があった。C社とD社では，2016年度のサステナビリティレポートの記述内容を読む限りでは，経営トップの積極的な関与は読み取れなかった。

また，実際のCO_2排出量の削減の取組については，現状のCO_2排出量を把握し，指標と目標を設定して，継続的に削減の取り組みを行っていく必要があるが，この点についても，A社とB社は，2016年度の時点でSCOPE1,2,3の各CO_2排出量を把握し，削減目標を設定し，継続的に削減していた。一方で，C社とD社は部分的な取り組みにとどまっていた。

さらに，A社，B社とC社，D社のスコアを比べると，ガバナンスのスコアが高いとその他の3つの分野も高い傾向が見られた。図表6－9は，図表6－

8で示したスコアを横軸にガバナンスのスコア，縦軸に，戦略，リスクマネジメント，指標と目標の3分野のスコアの合計を示したものである。分析した企業数が少ないとはいえ，ガバナンススコアが高い企業は戦略，リスクマネジメント，指標と目標の3分野のスコアも高い傾向が見られた。

以上から，実効性のある気候変動対策を行っている企業は，経営トップが直接的に関わり，自社のCO_2排出量を把握し，削減目標を設定して，継続的に削減に取り組んでいるということが確認できた。

4. まとめと今後の研究課題

本章では，深刻化する環境問題や社会課題へ企業がコーポレートガバナンス主導で対応することを求める制度化が進む昨今の経営環境の中で，実際にコーポレートガバナンスが企業のサステナビリティ経営にどのような影響を及ぼしているのかについて，先行研究を整理するとともに，日本企業の脱炭素化に向けた取り組みを研究事例として分析し，ある一定期間において成果を挙げている企業とそうではない企業の差を分析・考察した。

分析対象とした日経225構成銘柄企業の中で，対象期間にCO_2排出量が100トンを超えていた52社を対象に統計分析した結果，海外の先行研究が，企業にサステナビリティ経営に影響を及ぼしているとしていたコーポレートガバナンスに関わる社外取締役比率，女性取締役比率，外国人株主比率，金融機関持株比率は，絶対的デカップリング実現企業，CO_2排出量削減企業を有意に説明しなかった。母数が52社と少なかったということもあるが，分析対象期間（2016年度から2020年度）における日本企業においては，気候変動対策に社外取締役や機関投資家が及ぼす影響や役割は限定的であった可能性がある。

一方，個別事例の研究を通して仮説として考えられたのは，執行に責任を負う経営者の気候変動対策への積極関与である。これは，化学業界という同一業界の中で絶対的デカップリングを実現した企業2社と炭素効率を悪化させた企業2社を選び，各社の気候変動対策を，CO_2排出量の変化率を測定した2016

年度から2020年度までの調査期間の開始時である2016年度時点での取組をTCFD提言が開示を推奨する4分野11項目にどれだけ当てはまる取り組みを行っているかを評価した結果，絶対的デカップリングを実現した企業2社でいずれも経営者が気候変動対策に直接関与していると判断されたからである。また，これらの2社は実際のCO_2排出量の削減に影響を及ぼすと考えられる指標と目標（気候関連のリスク及び機会を評価・管理する指標と目標）の項目についても，炭素効率を悪化させた2社に比べて，現状のCO_2排出量を把握し，指標と目標を設定して，削減に取り組む一連の活動を企業グループ内で継続的に行っていた。

ただ，今回のTCFD提言の開示項目を分析枠組みとして使った事例研究は4社についてのみ実施したものであり，一般化するためには，より多くの事例を分析する必要がある。また，今回の研究では，日本企業において取締役会が気候変動対策の実効性にどのような影響を及ぼしているかについて明らかにできなかった。これらの点を今後の研究課題とし，喫緊の課題である気候変動対策の実効性を高める経営構造の要素を事例研究と統計分析の両面からさらに明らかにしていきたい。

[注]

1　従来，企業の環境（Environment），社会（Social），ガバナンス（Governance）への対応は，それぞれ独立して発展してきた。2000年代頃までは，企業の環境，社会課題対応は，環境部門やCSR部門等が中心となったオペレーション上での取り組みが中心であり，経営トップや取締役会が継続して関与することは限定的であった。

2　現在，日本においては，国の成長戦略の一環として，企業のコーポレートガバナンス強化に向けた様々な取り組みが行われている。2015年にコーポレートガバナンス・コードが導入され，多くの企業の株主となっている機関投資家に対しても，コーポレートガバナンス強化に資する行動を求めるため，2014年にスチュワードシップ・コードが導入された。そして，この二つのコードは持続可能性の重要性についても強調している。すなわち，スチュワードシップ・コードもコーポレートガバナンス・コードも取締役会の構成のあり方等の伝統的なガバナンス課題のみならず，環境問題や社会課題への言及を行っており，この点は2つのコードが改訂される毎に強調されている。例えば，スチュワードシップ・コードの2020年3月の改訂では，機関投資家が，ESG要素を含む中長期的な持続可能性（サステナビリティ）を一層考慮することが強調されている。このことは，以前は独立した取り組みであった環境や社会への取り組みが，ガバナンスレベルで取り組みが推進されるべき重要な課題となっていることを示唆している。

3　環境問題に積極的に取り組んでいるかどうかは，代理変数としてKLDデータベースの特定の5項目への対応の有無が使用されている。KLD基準は，1980年代から90年代にSRI（社会的責任投資）関連の事業を行っていたKLD Research & Analytics Inc社によって開発された企業評価基準である。2000年代後半に，KLDはモルガンスタンレー・キャピタル・インターナショナル（MSCI）Risk Metrics Groupの一部になり，同社の企業のESGパフォーマンスを評価する方法は投資決定に活用されている。

4　松田（2018）は取締役会，株主，経営者の3者をコーポレートガバナンスの第一次参加者としている（松田，2018）

5　Walls et al.（2012）が環境パフォーマンスを「強み」（Environmental strengths）と「課題（懸念事項）」（Environmental concerns）に分けて分析した理由として，『米国における複数の先行研究が企業の環境パフォーマンスを測定したデータとして活用しているKinder，Lydenberg，Domini（KLD）のデータは，1991年以来，企業の環境面での「強み」と「課題」を独自のカテゴリーに沿って評価し，「強み」と「課題」の項目の値をそれぞれ合計して，環境パフォーマンスのスコアを算出しているが，先行研究では，KLDの環境パフォーマンススコアを1つの測定値に統合していた。しかし，この方法では，統合された測定値が，企業の強みと課題（懸念事項）を相殺してしまい，誤った結果につながる可能性がある。この理由から，Walls et al.（2012）では，環境パフォーマンスの「強み」と「課題（懸念事項）」の測定値を別々に使用した』と説明している。

6　https://unfccc.int/news/updated-ndc-synthesis-report-worrying-trends-confirmed（閲覧日：2022年12月20日）

7　G20財務相・中央銀行総裁会議が，気候変動に関連して金融機関が考慮すべき課題を検討するよう配下の金融安定理事会（FSB）に出した指示を受けて設置された気候関連財務情報開示タスクフォース（The Task Force on Climate-related Financial Disclosures：TCFD）が取りまとめた提言のことである。

8　厳密には温室効果ガス（GHG）の削減を意味する。人間の経済活動により排出される温室効果ガスには，二酸化炭素（CO_2）の他，メタンや一酸化二窒素，フロン類などがある。このうち，CO_2の割合が最も高く全体の76%を占めるため（気候変動に関する政府間パネル（IPCC）第5次報告書），企業の温室効果ガス削減は通常CO_2削減を中心に議論されている。したがって本研究においても，企業のCO_2排出量削減を中心に調査，分析している。

9　GHGプロトコルとは，地球温暖化の原因となる温室効果ガス（Green House Gas）排出量の算定と報告に関する事実上の国際基準である。温室効果ガスの発生をScope1，Scope2，Scope3の3つのスコープに分類している。Scope1（スコープ1）は，企業自らが生産プロセスで石油や石炭などの化石燃料を燃焼して直接排出する排出量のことである。$Scope_2$（スコープ2）は，他社から供給された電気・熱の使用による排出量のことである。電力会社から供給される電気使用に伴うCO_2排出量が典型例である。Scope3（スコープ3）は，Scope1とScope2に該当しないすべてのGHG排出量を意味し，15のカテゴリーが存在している。15カテゴリーには，「購入した製品・サービス」，「出張」，「雇用者の通勤」，「輸送，配送」，「販売した製品の使用」「販売した製品の廃棄」「リース資産」等がある。

10　（B）と（C）に該当する企業は，OECD（2002）によれば，炭素効率を改善した相対的デカップリング実現企業と理解され，（A）ゾーンの絶対的デカップリング実現企業とは区別される。

［参考文献］

旭化成グループ（2017）『CSRレポート2016年版』旭化成株式会社

伊藤邦雄（2021）『企業価値経営』日経BP社

金融庁（2020）『責任ある機関投資家の諸原則_日本版スチュワードシップ・コード～投資と対話を通じて企業の持続的成長を促すために～』

クラレ（2016）『CSRレポート』 株式会社クラレ社

島貫まどか・山田裕章（2020）「スチュワードシップ・コード再改訂の概要」月刊資本市場2020.5

(No.417)
高井亨（2010）「経済成長と二酸化炭素排出量削減は両立するか―デカップリング概念を用いた国際比較―」，経済論叢（京都大学）第184巻第2号
武井一浩，井口 譲二他（2018）『コーポレートガバナンス・コードの実践 改訂版』 日経BP．
竹原正篤（2021）「研究ノート：デカップリング概念による日本企業の脱炭素化に向けた取り組みの現状把握」『環境経営学会学会誌サステナブル・マネジメント』第20巻PP.62-79
谷本寛治（2020）『企業と社会―サステナビリティ時代の経営学』中央経済社
東ソー株式会社（2016）『CSRレポート2016』 東ソー株式会社
林順一（2016）「コーポレートガバナンスのCSRに与える影響についての一考察―ISO26000と社外取締役，機関投資家の関係分析―」『経営実務研究』第11号，pp.1-18
林順一（2018）「ESG投資の対象となる日本企業の属性分析」日本経営倫理学会誌第25号PP.19-33．
松田千恵子（2018）『ESG経営を強くするコーポレートガバナンスの実践』日経BP．
三井化学グループ（2016）『CSR活動報告2016』 三井化学株式会社
Ben-Amar W. and P. Mcllkenny（2015）：“Board Effectiveness and the Voluntary Disclosure of Climate Change Information”, Business Strategy and the Environment, Vol.24, pp.704-719.
Calza F., G. Profumo and I. Tutore（2014）：“Corporate Ownership and Environmental Proactivity”, Business Strategy and the Environment, 25：369-389.
De Villiers C., V. Naiker and C. J. van Staden（2011）：“The Effect of Board Characteristics on Firm Environmental Performance”, Journal of Management, Vol.37, pp.1636-1663.
Harjoto M. A. and H. Jo（2011）：“Corporate Governance and CSR Nexus”, Journal of Business Ethics, Vol.100, No.1, pp.45-67.
Hart, Stuart L.（1995）“A Natural-Resource-Based View of the Firm” Academy of Management Review Vol. 20, No. 4.
Hart, Stuart L., and Gautam Ahuja（1996）“DOES IT PAY TO BE GREEN? AN EMPIRICAL EXAMINATION OF THE RELATIONSHIP BETWEEN EMISSION REDUCTION AND FIRM PERFORMANCE” Business Strategy and the Environment Volume 5 Issue 1.
Hussain N., U. Rigoni and R. P. Orij（2016）：“Corporate Governance and Sustainability Performance：Analysis of Triple Bottom Line Performance”, Journal of Business Ethics, DOI：10.1007/s10551-016-3099-5.
Mallin, C. A., and Michelon, G.（2011）. Board reputation attributes and corporate social performannce：An empirical investigation of the US best corporate citizens. Accounting and Business Research, 41(2), 199-144.
OECD（2002）” Indicators to measure decoupling of environmental pressure from economic growth”.
Post C., N. Rahman and E. Rubow（2011）：“Green Governance：Boards of Directors' Composition and Environmental Corporate Social Responsibility”, Business and Society, Vol.50, No.1, pp.189-223.
Shleifer A. and R. W. Vishny（1997）：“A Survey of Corporate Governance”, The Journal of Finance, Vol.52, No.2, pp.737-783.
The Task Force on Climate-related Financial Disclosures（2017）“Final Report：Recommendations of The Task Force on サステナビリティ経営 Climate-related Financial Disclosures（グリーン・パシフィック訳「気候関連財務情報開示タスクフォースによる提言最終報告書」）
Walls J. L., P. Berrone and P. H. Phan（2012）：“Corporate Governance and Environmental Performance：Is There Really a Link?”, Strategic Management Journal, Vol.33, pp.885-913.
Zinenko A., M. R. Rovira and I. Montiel（2015）：“The Fit of the Social Responsibility Standard ISO 26000 within Other CSR Instruments：Redundant or Complementary?”, Sustainability Account-

ing, Management and Policy Journal, Vol.6, No.4, pp.498-526.

（竹原正篤）

第 7 章

欧州企業のサステナビリティ・ガバナンス

——ユニリーバの事例[1]

1. はじめに

2021 年に 2 度目の改訂が行われたコーポレートガバナンス・コード（CG コード）は，自社のサステナビリティ課題に積極的かつ能動的に取り組むことを求めている（原則 2「考え方」，原則 2-3 補充原則 2-3 ①，原則 3-1 補充原則 3-1 ③，原則 4-2 補充原則 4-2 ②）。CG コードの 2 度目の改訂を機に，サステナビリティ・ガバナンスという言葉を聞くようになった。高山他（2021）は，サステナビリティ・ガバナンスという言葉が使われようになった契機は，2014 年 6 月に国連環境計画・金融イニシアティブが発表した報告「統合ガバナンス—サステナビリティのためのガバナンス（Governance for Sustainability）に関する新しいモデル[2]」であると指摘している。

内ケ崎他（2021）は，コーポレートガバナンスは中長期的な企業の成長を促すための自立的な仕組みであり，中長期的な成長にはサステナビリティの視点も不可欠であると指摘している。そして，サステナビリティ経営には，パーパス（存在意義）を軸に戦略が必要であると述べている。そのパーパスと戦略の根底には，社内で共有する価値観（バリュー）が必要であるという。さらに，日本企業は，サステナビリティ経営を監督するために，取締役会のなかにサステナビリティ委員会を設置し，社外取締役が監督機能の中心的役割を果たすべきであると主張している（内ケ崎他，2021）。

筆者も内ケ崎他（2021）と同じ考えである。しかし，このようなサステナビリティ・ガバナンスという概念の説明を聞いても，イメージが湧かず，具体的な対応に悩む日本企業の経営者，経営企画，IR 等の管理職や担当者は多いと推測する。そこで，本章では，パーパスに基づくサステナビリティ経営の方針を明確に打ち出している，ユニリーバ（Unilever Plc）のコーポレートガバナンスを概観することにより，サステナビリティ経営に必要なコーポレートガバナンスとは何かを明らかにしたい。

2. ユニリーバの概要

2.1　ユニリーバの創業と創業者の理念

ユニリーバは，1884年にウィリアム・ヘスケス・リーバがLever & Coから英国初のブランド石鹸を発売したことが現在のユニリーバの創業としている。当時としては珍しい独特な包装のサンライト（Sunlight）というブランドで石鹸を販売した。1890年，Lever & Coは登記上の社名をLever Brothers Ltdに変更し有限会社となった[3]。

1930年に，Lever Brothers Ltdはオランダのマーガリンを製造販売するMargarine Unieと合併し，現在のユニリーバが設立された。当時の英国エコノミスト誌（The Economist）は，ユニリーバの誕生をヨーロッパ史上最大の産業合併の一つと評した[4]。

1888年，リーバは石鹸工場を建設した際に，従業員のための良質な住宅，学校，病院を提供した。リーバは，従業員と社会の両方に利益をもたらすような芸術，教育，金融の取り組みに関心を持っていた。彼は，製品の改良と革新を続けるだけではなく，従業員を大切にし，短時間勤務，貯蓄制度，健康手当などを整え，従業員の労働生活を改善することに努めた。ウィリアム・リーバが残した社会改革のエージェントとしての事業運営は，今日までユニリーバの中核をなしている。2010年に制定されたユニリーバ・サステナブル・リビング・プランは，「サステナビリティを暮らしの“あたりまえ”に」というユニリーバのパーパスを実践するものである[5]。

このように，ユニリーバの創業者ウィリアム・ヘスケス・リーバは，19世紀の英国で弱い立場にあった労働者階級の貧困という社会課題を，ビジネスを通じて解決するという明確な意志をもっていたといえよう。工場で働く従業員の生活向上に努めた，経営者としてのリーバの個人の尊厳と人権を尊重する精神は，「サステナビリティを暮らしの“あたりまえ”に」というパーパスに基づく，サステナビリティ経営を実践している現在のユニリーバの経営に受け継がれていると考える。

2.2 ユニリーバの事業内容

現在のユニリーバは，日用品と食品・飲料を製造販売する企業である。日用品の売上高でみると，米国のP&Gに次ぐ世界第2位の規模である（東洋経済新報社，2022)。ユニリーバは創業した1930年から2020年まで，英国とオランダの2本社体制を維持してきた。しかし，2020年に英国に本社機能を集中し，Unilever Plcをグローバル本社とした。現在のCEOであるアラン・ジョープは，2019年にCEOに就任した際に，前CEOポール・ポールマンが推進したサステナビリティ経営の継承と発展を明言した。2021年の売上高は524億ユーロ（約6兆7,333億円)，営業利益は87億ユーロ（約1兆1千172億円)[6]で，従業員数は14万8千人である（Unilever, 2020, 2021, 2022a)。

ユニリーバが製造・販売する製品は食品から日用品まで幅広い。事業セグメントは「ビューティー&パーソナルケア」,「フード&リフレッシュメント」,「ホームケア」の3つに大別されている。ユニリーバは世界で約400のブランドを有する。そのうち13のブランドは，2021年に10億€を超える売上高があった。主なブランドは，ラックス，ダブ，モッズ・ヘア，リプトン紅茶などである（Unilever, 2022a)。ただし，ユニリーバは，2021年11月にリプトン・ブランドを含む紅茶事業を，53億€で投資ファンドであるCVCキャピタル・パートナーズに売却することを発表している[7]。

3. ユニリーバのサステナビリティ経営

3.1　ユニリーバ・サステナビリティ・リビング・プラン（USLP）

ユニリーバは2008年の所謂リーマンショックを経て，2010年に当時のCEOポール・ポールマンが，経営戦略としてユニリーバ・サステナビリティ・リビング・プラン（Unilever Sustainability Living Plan, USLP）を発表した。USLPには３つの目標があった。第１に「すこやかな暮らし（健康・衛生/食）」を目指し，具体的には10億人以上により衛生的で健康な生活を提供することである。第２に「2010年比で環境負荷を半減する」ことであり，自社の製品の製造・使用から生じる環境負荷を半減することを目標とした。第３が「経済発展の支援」で，バリューチェンに関わる数百万人以上の人々の暮らしを向上することを目標とした（ユニリーバ・ジャパン，2022）。

ユニリーバは，USLPの導入から10周年を迎えた2020年５月に，過去10年間のUSLPの達成状況を総括している。第１の目標「すこやかな暮らし（健康・衛生/食）」については，2019年末までに目標の10億人を大きく上回る13億人がプログラムに参加し，手洗いによる下痢や呼吸器疾患の低減を実現し，栄養価の高い製品を提供した。第２の目標の「2010年比で環境負荷を半減する」については，製造工程からの温室効果ガスの削減（CO_2削減）では75%減少（2008年比），水使用量は49%減少，廃棄物は96%減少した。水使用量は50%減少には僅かに届かなかったものの，CO_2と廃棄物は50%を大きく上回る成果をあげた。第３の目標「経済発展の支援」では，83万軒以上の小規模農家183万人以上の中小・小売業の収入増加を支援し，全世界で263万人の女性に能力開発支援を行い就職機会を拡大したと報告している[8]。

3.2　USLPの継承とパーパスの明確化

2019年，USLPを推進したポール・ポールマンがCEOを退任した。新たにCEOに就任したアラン・ジョープもUSLPを継承し推進することを表明した。

また，アラン・ジョープは，ユニリーバは「世界一のマーケティングを目指す」，そして「世界一のサステナビリティ経営を目指す」会社になると，2つの方向性を示した（Unilever，2020）。このように，ユニリーバにおいては，経営トップが交代した後もサステナビリティ経営を継続している。

2020年，アラン・ジョープはUSLPの10年を振り返り，未達成項目を中心に新たな目標を設定し，経営戦略であるユニリーバ・コンパス（“The Unilever Compass”）を策定した。ユニリーバには，ユニリーバ・コンパス（以下，コンパス）を前提とした，「サステナビリティを暮らしの“あたりまえ”（common place）に」という企業のパーパス（存在意義）がある。そのパーパスがあるから，人々が活躍し，ブランドが成長し，企業が永続できるという考えが示されている。そして，コンパスは「私たちはビジネスのグローバルリーダーになる」というビジョンに支えられている（Unilever, 2021a）。

3.3　ユニリーバ・コンパス

(1)　戦略的選択

また，コンパスの中心には，持続可能なビジネスが優れたパフォーマンスをもたらすという信念が書かれている。コンパスにおいては，パーパス主導の未来志向のビジネスモデルは，継続的に財務結果を出し，業界の上位3分の1に入る優れたパフォーマンスを実現するという基本的な考えを示している（Unilever, 2022a）。

経営戦略であるコンパスには，5つの戦略的選択が明記されている。1番目が「ポートフォリオを高成長分野へと拡大する」である。具体的には，衛生，スキンケア，プレステージ・ビューティー，機能性栄養食品，植物由来食品の5分野である。2番目が「パーパスとイノベーションを通してよりよい未来の力となるブランドで勝つ」である。そのために，地球の健康増進，人々の健康・自信・ウェルビーイングの向上，より公平でインクルーシブな世界への貢献，差別化された技術力と科学力で勝つという4項目を挙げている。3番目が「米国，インド，中国および主要成長市場でのビジネスを加速する」である。4番目は「未来の流通チャネルをリードする」である。具体的施策として，Eコマースを加速させ，E-B2B ビジネスプラットフォームを構築し，ショッパーインサイトをもとにカテゴリーリーダーシップを推進することである（Unilever, 2022a）。

最後の５番目は「パーパス主導で未来志向の組織と成長のための企業文化の構築」である。経営環境の激しい変化に対応するデジタルトランスフォーメーションによる社員の能力開発を進め，ダイバーシティおよびインクルージョンを推進し，バリューに基づいたリーダーシップの規範になることである。また生涯学習による社員の能力開発も挙げている（Unilever, 2021a）。

筆者は，コンパスにおける５番目の戦略的選択として，ユニリーバが人を重視した企業文化を構築することを挙げている点に注目したい。後に述べる，ユニリーバの経営倫理の根幹には，人を尊重する企業文化，つまり人権を尊重する価値観があると考えるからである。

(2) サステナビリティへの９つのコミットメント

コンパスにおいては，サステナビリティに関する９つのコミットメントを示しており，それらのコミットメントが自社のパーパスとビジョンの実現に貢献するという考えが示されている（Unilever, 2022a）。

(1) 気候変動へのアクション
(2) 自然の保護と再生
(3) ゴミのない世界
(4) ポジティブな栄養
(5) 健康とウェルビーイング
(6) 公平，ダイバーシティ，インクルージョン
(7) 生活水準の向上
(8) 未来の仕事

これらの８つのコミットメントを支えるものが (9)「人権の尊重」である。さらに９つのコミットメントの根底には「責任あるビジネスの基盤」がある（Unilever, 2022a）。

(3) ビジネスモデル

コンパスには，株主，従業員，消費者，顧客，仕入先とビジネスパートナー，地球と社会を重視する，ステークホルダー・モデルによる価値創造がユニリーバの成長を促進することが明記されている（Unilever, 2022a）

さらに，コンパスではビジネスモデルを示している。それは，図表7-1が示すように，消費者の洞察（Consumer Insight）で始まる。ユニリーバは，Facebook, Twitter, Instagramなどソーシャルメディアの情報と従来の消費者調査を組み合わせ，世界37カ所にあるピープルデータセンターを通じて，変化する消費者心理を追跡している（Unilever, 2022a）。

2番目のイノベーションのために，マーケティングと研究開発チームが，1番目の消費者洞察に加え，社外の専門家による優れたアイデアを採用している。ユニリーバは，ブランドと製品を開発するために大きく資源配分を行っており，2021年の研究開発費は8億4700万€で2021年の売上高の約1.6%に相当する（Unilever, 2022a）。

3番目の原材料の調達においては，製品製造のために毎年，約210億ユーロの調達を行っている。また，責任ある調達（responsible sourcing）を進めている。2021年の調達のうち，ユニリーバの基準に合致した責任ある調達は81%であった（Unilever, 2022a）。

4番目の製造においては，自社および委託工場で製品を製造する工程において，廃棄物ゼロを目指している。また，2021年の自社ブランド製品のうち53%がリサイクルされている。ユニリーバの製品は，70%がリサイクル可能で

図表7-1　ユニリーバのビジネスモデル

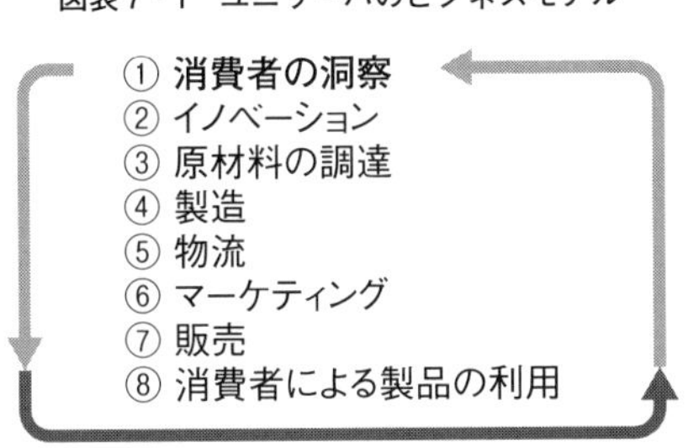

（出所）Unilever（2022a）pp. 12-13を基に筆者作成

ありながら，実際のリサイクル率が53%に留まっているのは，廃棄物の回収が進んでいないことに起因すると分析している。リサイクルのさらなる推進には各国政府との連携が必要であり，今後の課題としている（Unilever, 2022a）。

5番目の物流については，グローバルな物流倉庫のネットワークが，何百万もの製品を小売店に届ける体制を構築している（Unilever, 2022a）。6番目のマーケティングについては，ユニリーバは多額のメディア支出を伴う世界最大の広告主であることを示している。ユニリーバのパーパスをもった包摂的なブランドは常に消費者とともにあるべき，という考えに基づくマーケティングである（Unilever, 2022a）。7番目の販売については，多くのチャンネルを通じて，ユニリーバブランドを 約190カ国の消費者に広範かつ迅速に届けることができる体制を構築している。その結果，8番目の消費者による製品の購入につながり，それが最初の消費者の洞察（Consumer Insight）に結びつく，という考えである（Unilever, 2022a）。

5番目から7番目のプロセスは，世界中に製造・販売拠点をもつ多国籍企業の規模のメリットと言えよう。しかし，このようなビジネスモデルはユニリーバに限ったものではない。多くの多国籍企業が同様なビジネスモデルで事業運営していると考えられる。そのような状況で，ユニリーバだけがなぜ傑出した業績を残すことができるのであろうか。次節では，財務力，コーポレートガバナンス，経営倫理の視点から，ユニリーバの高い収益力の源泉を考察する。

ユニリーバにおいては，パーパスは単なるスローガンではない。パーパスを実現するために，財務面と非財務面を統合した戦略であるコンパスが策定されている。戦略を実行するため，図表7-1が示すように，ビジネスモデルが確立している。このような経営の執行を監督するのが，本章のテーマのサステナビリティ・ガバナンスである。ユニリーバのサステナビリティ・ガバナンスについては，本章第5節で論じる。

4. 業績と財務戦略

4.1 業績

ユニリーバには，先に述べたように，3つの事業セグメントがある。フード&リフレッシュメントを除いたトイレタリーでみると，米国のP&Gに次いで世界第2位の売上高がある（東洋経済，2022)。図表7-2が示すように，ユニリーバは，高い売上高だけではなく，恒常的に高い売上高営業利益率を維持している。2020年は新型コロナウィルス感染拡大により売上高が前年比2.4%減少したものの，売上営業利益率は0.4%の減少に留まり16.4%の高水準を維持している[9]。

次に，図表7-3が示すように，2021年の製品別セグメントで業績を見ると，「ビューティー&パーソナルケア」の売上高は，ユニリーバ全体の売上高の41.8%を占めている。また，同セグメントの売上高営業利益率は20.4%と非常に高い。消費財を扱う企業では驚異的な利益率といえよう。「フード&リフレッシュメント」の売上高は全体の売上高の38.1%を占め，売上高営業利益率は14.7%であった。「ホームケア」の売上高は全体の売上高の20.2%を占め，売上高営業利益率は12.2%であった（Unilever, 2022a)。

このように，ユニリーバにおいては，ダヴをはじめとする「ビューティー&パーソナルケア」が，事業の中核として高い売上高と営業利益を生み出し

図表7-2　ユニリーバ業績推移 2017-2021年

（単位：million €）

	2017	2018	2019	2020	2021
売上高	53,715	50,982	51,980	50,724	52,444
営業利益	8,957	12,639	8,708	8,303	8,702
売上高営業利益率	16.7%	24.8%	16.8%	16.4%	16.6%
当期純利益	6,456	9,788	6,026	6,073	6,621
売上高純利益率	12.0%	19.2%	11.6%	12.0%	12.6%

（出所）Unilever (2020) p.87, (2022a), p.114を基に筆者作成。

図表7-3　製品別セグメントの業績

（2021年12月期　単位：million €）

	ビューティ＆パーソナルケア		フード＆リフレシュメント		ホームケア		合　計	
	業績	シェア	業績	シェア	業績	シェア	業績	シェア
売上高	21,901	41.8%	19,971	38.1%	10,572	20.2%	52,444	100.0%
営業利益	4,471	51.4%	2,937	33.8%	1,294	14.9%	8,702	100.0%
売上高営業利益率	20.4%	−	14.7%	−	12.2%	−	16.6%	−

（出所）Unilever（2022a), p.121を基に筆者作成。

図表7-4　地域別セグメントの業績

（2021年12月期　単位：million €）

	アジア・アフリカ・ロシア他		米州		欧州		合計	
	業績	シェア	業績	シェア	業績	シェア	業績	シェア
売上高	24,264	46.3%	16,844	32.1%	11,336	21.6%	52,444	100.0%
営業利益	4,536	52.1%	2,696	31.0%	1,470	16.9%	8,702	100.0%
売上営高業利益率	18.7%	−	16.0%	−	13.0%	−	16.6%	−

（出所）Unilever（2022a), p.122を基に筆者作成。

ていると言える。

2021年のユニリーバの業績を地域別セグメントで見ると，図表7-4が示すように，アジア・アフリカ・ロシア他の売上高は全社売上高の46.3%を占めており，売上高営業利益率は18.7%であった。米州の売上高は全社売上高の32.1%で，売上高営業利益率は16.0%であった。欧州の売上高は全社売上高の21.6%で，売上高営業利益率は13.0%であった。このように売上高と営業利益に関しては，グローバル本社を置く欧州よりも，他の2つの地域の方がユニリーバ全体の業績に貢献している。

ユニリーバの地域別セグメントは世界を3つに分けての開示であり，粗い分類ではあるのもの，アジア・アフリカ・ロシア他の売上高が全社の売上高に占める割合が大きく，売上高営業利益率が高い。米州についても，売上高と売上高営業利益率が高い。このような地域別セグメントで業績をみると，先に述べた，ユニリーバの5つの戦略的選択の3番目である「米国，インド，中国および主要成長市場でのビジネスを加速する」が理解できる。

4.2 財務戦略

コンパスの5つの戦略的選択においては，最初に「ポートフォリオを高成長分野へと拡大する」と明記している。実際にユニリーバは自社のパーパスに沿って活発なM&Aを行っている。例えば，2021年11月，リプトン・ブランドを含む紅茶事業を，53億ユーロでCVCキャピタル・パートナーズに売却すると発表した。その理由は，顧客嗜好の変化に対応と説明している[10]。紅茶事業の売却は，パーパスに沿って常に高い利益率を求め，厳格なポートフォリオ管理を行うというユニリーバの財務戦略に沿った決定と考えられる。

ユニリーバが過去10年間に実行したM&Aの件数と金額は，図表7-5が示す通りである（Unilever, 2022c）。

図表7-5　ユニリーバの過去10年間のM&A実績

（単位：million €）

	2012	2013	2014	2015	2016	2017	2018	2019	2020	2021
取得額	133	142	313	1,897	1,731	4,896	1,336	1,122	1,426	2,131
売却額	246	1,053	1,741	199	30	561	7,093	177	39	43
M&A件数	6	12	10	12	8	12	9	10	6	6

（注）M&Aの金額はキャッシュフロー。
（出所）Unilever（2022c）, p.9を基に筆者作成

5. ユニリーバのサステナビリティ・ガバナンス

5.1 パーパス実現のためのステークホルダー重視

ユニリーバのコーポレートガバナンス報告書である“The Governance of Unilever1 January 2022”の冒頭に，企業のパーパス（corporate purpose, 企業

の存在意義）が書かれている。「ユニリーバには，『サステナビリティを暮らしの“あたりまえ”に』，という簡潔かつ明確なパーパス（存在意義）がある。当社は誰もが当たり前に暮らせる世界をつくりたい。そのためのマルチステークホルダーモデルは，サステナブルな生活を実現する行動の中核にある」（Unilever, 2022b, p.3）。

ユニリーバのパーパスは，サステナブルビジネスの世界的リーダーになる，というビジョンに支えられている。ビジョンを実現する戦略は，パーパス主導であり未来適合型である。パーパス主導の戦略は，すべてのステークホルダーに，長期的に持続可能な成長をもたらすメリットがあり，自社には優れたパフォーマンスを実現するという考えが貫かれている（Unilever, 2022b）。

このように，ユニリーバのコーポレートガバナンス報告書は，最初にパーパスとサステナビリティ経営について書いており，取締役会はこれらを実現する経営が行われているかについて監督することを，明確に打ち出している。

5.2　取締役会構成

“The Governance of Unilever”では，取締役会は非業務執行取締役が過半数を占めることと，非業務執行取締役はガバナンスと戦略的な発展に貢献する者を選任する，と記述がある。また，取締役会に4つの委員会を設置するように求めている（Unilever, 2022b）。

取締役会は13名の取締役で構成され，そのうち，CEOとCFOを除く11名は，全員が非業務執行・独立社外取締役であり，図表7－5が示すように，非業務執行・独立社外取締役は様々な経営経験を有している。取締役会のダイバーシティをみると，11名の非業務執行・独立社外取締役のうち男性7名，女性6名である。民族性（ethnicity）でみると，白人8名，東洋系4名，アフリカ系1名である（Unilever, 2022a）。

5.3　委員会

ユニリーバの取締役会には，先に述べたとおり，指名・コーポレートガバナ

図表７－６　社外独立取締役のキャリア

	Nils Andersen	Laura Cha	Judith Hartmann	Adrian Hennah	Andrea Jung	Susan Kilsby	Ruby Lu	Strive Masiyiwa	Youngme Moon	John Rishton	Feike Sijbesma	該当数
多国籍企業におけるリーダーシップ	✓		✓	✓	✓	✓	✓	✓		✓	✓	9
幅広い取締役会での経験	✓	✓	✓	✓	✓	✓	✓	✓	✓	✓	✓	11
地政学リスクの経験	✓	✓	✓	✓	✓	✓		✓		✓	✓	9
財務の経験	✓	✓	✓	✓		✓	✓	✓		✓	✓	9
FMCG 消費者の動向把握	✓		✓	✓	✓	✓		✓	✓	✓	✓	9
新興国市場での経験	✓	✓	✓	✓	✓	✓	✓	✓	✓		✓	10
デジタルの洞察力					✓		✓					2
マーケティング・セールス経験	✓				✓			✓			✓	4
投資銀行業務の専門家						✓	✓					2
科学，技術，イノベーションの専門家						✓	✓	✓			✓	4
パーパス経営とサステナビリティ	✓		✓		✓	✓		✓	✓		✓	7
国際企業における人事・報酬	✓	✓	✓	✓	✓	✓	✓			✓	✓	9
該　当　数	9	5	8	7	9	10	8	9	4	6	10	85

（出所）　Unilever（2022a），p.73 を基に作成

ンス委員会（the Nominating and Corporate Governance Committee），報酬委員会（the Compensation Committee），監査委員会（the Audit Committee），企業責任委員会（the Corporate Responsibility Committee）の4つの委員会がある（Unilever, 2022b,）。4つの委員会のうち企業責任委員会は任意の委員会である。しかも，取締役会のなかに設置され，社外取締役が委員を務める（Unilever, 2022b）。最近，日本企業でも，ユニリーバの企業責任委員会に似たサステナビリティ委員会を設置するケースはあるものの，取締役会の外に設置された諮問委員会であることが多いようである[11]。

ユニリーバの企業責任委員会の役割は，責任あるグローバル企業としてのユニリーバの行動を監督することにある。企業責任委員会の任務の中核は，総合事業戦略「ユニリーバ・コンパス」に明記されているユニリーバのサステナビリティ・アジェンダの進捗状況を監督することにある。また，企業責任委員会はサステナビリティに関連するリスクを検討することで，ユニリーバの成長の機会を提供することが求められている（Unilever, 2022a）。

5.4　非業務執行・独立社外取締役の報酬

非業務執行・独立社外取締役の報酬については，図表7－7が示すように報酬規程で明確に定められている（Unilever, 2022a）。基本報酬に加え担当する委員会の数と役割に応じて報酬が決まる仕組みであり，非業務執行・独立社外取締役の報酬は業績連動ではなく固定報酬である。図表7－8は，2021年に取締役会で非業務執行・独立社外取締役が任命された委員会と，委員会での役割に対応した報酬を示している。

5.5　執行役員の報酬

非業務執行・独立社外取締役の報酬が固定報酬であるのに対し，執行役員（Executive Director）の報酬は，固定部分に加え，短期業績連動報酬と長期業績連動報酬の体系となっている。2022年のCEOおよびCFOの固定給はそれぞれ€1,560,780.－と€1,175,719.－に確定している（Unilever, 2022a）。

図表7－7　非業務執行・独立社外取締役　報酬規程

役割及び責任	年間報酬（単位：€）	
	2022年	2021年
基本報酬	95,753	95,753
取締役会議長（報酬総額）	732,225	732,225
上級独立取締役	45,060	45,060
指名及びコーポレートガバナンス委員会　委員	16,898	16,898
報酬委員会　委員	20,277	20,277
社会責任委員会　委員	16,898	16,898
監査委員会　委員	25,910	25,910
指名及びコーポレートガバナンス委員会　委員長	33,795	33,795
報酬委員会　委員長	33,795	33,795
社会責任委員会　委員長	33,795	33,795
監査委員会　委員長	45,060	45,060

（出所）Unilever（2022a），p.96を基に筆者作成。

図表7－8　非業務執行・独立社外取締役の報酬および委員会における役割

氏　名	報酬額（単位：€）	委員会			
		指名	報酬	監査	社会責任
Nils Andersen	755,000	◎	○		
Laura Cha	137,000	○	○		
Judith Hartmann	126,000			○	
Adrian Hennar	21,000			○	
Andrea　Jung	180,000		◎		
Susan Kilsby	126,000			○	
Ruby Lu	23,000	○		○	
Strive Masiyiwa	134,000				◎
Youngme Moon	132,000				○
John Rishton	145,000			◎	
Feike Sijbesma	134,000	○			○
VittoriobCalao（注）	22,000				
合　計	1,935,000				

（注）○印は非執行取締役が担当する委員会，◎印は委員長。
VittoriobCalaoは2021年2月18日に退任。

（出所）Unilever（2022a），pp.72-73，p.97を基に筆者作成。

短期業績連動報酬は，財務，戦略，業務の単年度目標を達成させ，株主価値を継続的に向上するためのインセンティブである。短期業績連動報酬の50%は株式で支給される。短期業績連動報酬は，CEOの場合は固定給の150%から225%，CFOの場合は固定給の120%から180%の範囲で支給される。評価項目とそのウェイトは基礎的な売上高の成長率が50%，基本的な営業利益率の改善が25%，フリーキャッシュフローの累積増加率が25%となっている（Unilever, 2022a）。

長期業績連動報酬は3年間の業績で評価され，2年間の譲渡禁止期間を設けた自社株式で支給される。評価のウェイトは，競争力（Competitiveness, Business Winning）25%，累積フリーキャッシュフロー25%，投下資本利益率（ROIC）25%，サステナビリティ・プログレス・インデックスの評価が25%である。各項目の基本ウェイトは均等ながら，業績評価による実際の支給額ベースでのウェイトは異なるものになる（Unilever, 2022a）。

競争力の評価は2021年に設定された新しい指標である。市場全体の売上高に対する，ユニリーバの事業ポートフォリオを構成する各事業の売上高が占める割合（%）で，毎年評価するものである。市場シェアを拡大している分野で，収益の何パーセントが新たに生み出されているかを評価するものである。累積フリーキャッシュフローは，営業活動から得たフリーキャッシュフローの累積額が，戦略的資本配分に十分な資金提供が可能であるかという点で評価される（Unilever, 2022a）。

ユニリーバにおけるROICの計算は，投下した資本に対して創出された利益の割合を測定するものである。ROICは，税引後営業利益を営業権，無形固定資産，有形固定資産，売却可能な無形固定資産，棚卸資産の年間平均値で除して算出する。ユニリーバでは，ROICを事業ポートフォリオ管理に用いている。ROICの目標は15%から19%という高い水準が設定されており，買収や売却を通じてポートフォリオの再構築を継続的に行うというコミットメントを示している（Unilever, 2022a）。

サステナビリティ・プログレス・インデックスは，報酬委員会と社会責任委員会の合意のもとで，ユニリーバ・コンパスに基づいて策定された8つのキー・パフォーマンス・インデックス（Key Performance Index, KPI）で構成されている（Unilever, 2022a）。

サステナビリティ・プログレス・インデックスの8つのKPI

(1) 気候変動へのアクション：再生可能またはリサイクル可能な炭素系界面活性剤を使用する契約を締結したサプライヤーの総数。
(2) 自然の保護と再生：パーム油，大豆，紙・板紙，ココア，茶の調達量のうち，自然　環境に対して低リスクの供給源から購入・契約した割合。
(3) ゴミのない世界：販売した製品に使用されたプラスチック包装材の総量に対する再生プラスチックの割合。
(4) 健康とウェルビーイング：健康およびウェルビーイングの向上に寄与し，公正および包摂性を促進するブランドコミュニケーションおよび取り組みによって目標に到達した人の数。
(5) ポジティブな栄養：植物由来の肉・乳製品を含むユニリーバ製品の総売上高。
(6) 公平，ダイバーシティ，インクルージョン：認証機関によってダイバーシティ推進企業として認証されたサプライヤーから受け取った請求金額の総額。
(7) 生活水準の向上：生活賃金要件を考慮した契約の金額
(8) 未来の仕事：未来に通用するスキルを持つ従業員の割合

6. ユニリーバのコーポレートガバナンスの特徴

本章では，ユニリーバのコーポレートガバナンスにおける3つの大きな特徴を示した。第1に，ユニリーバにおけるコーポレートガバナンスの大前提は，パーパスに基づくサステナビリティ経営を推進することである。この大前提は，“the Governance of Unilever, 1 January 2022”の冒頭の“General”に明記されている。第2に，サステナビリティ経営の遂行についての監督は，企業責任委員会（Corporate Responsibility Committee）の役割であることが，明確に定められている点である。同委員会は，ユニリーバの経営戦略であるユニリーバ・コンパスに基づく経営の執行を監督する責任がある。第3に，ユニリーバの執行役員の評価基準と報酬体系に，サステナビリティ項目が組み込まれていることである。

ユニリーバのコーポレートガバナンスでは，企業責任委員会が，ビジョンに支えられた「サステナビリティを暮らしの“あたりまえ”に」というパーパスを実現するために，経営戦略（Unilever Compass）に基づき，ビジネスモデルの遂行による財務成果と非財務成果（サステナビリティ）を評価している。その評価の結果を取締役会に報告し，PDCA サイクルを回している。さらに，報酬委員会は，企業責任委員会の報告に基づいて，執行役員の財務・非財務の目標達成度合を短期項目と長期項目に分けて評価を行い報酬に反映している（Unilever, 2022a, 2022b）。

ユニリーバは，パーパスに基づく経営戦略に沿って事業を展開し，社会的価値と経済的価値の創造を実現している。その意味で，ユニリーバはサステナビリティ経営を実践している企業といえよう。ユニリーバにおけるサステナビリティ経営の成功には，さまざまな要因があると考えられる。その中で，取締役会および社会責任員会による監督機能も成功要因として挙げることができよう。ユニリーバにおいては，サステナビリティのためのコーポレートガバナンスが有効に機能していると考える。

7. おわりに

本章では，ユニリーバがビジョンに支えられたパーパスを起点に，経営戦略であるユニリーバ・コンパスを実行し，サステナビリティ経営を推進している状況を概観した。日本企業のなかには，ユニリーバなどの欧州企業を参考に，コーポレートガバナンス改革の一環として取締役会直轄の任意の委員会として，サステナビリティ委員会を設置するケースが見られるようになった。しかし，日本企業のサステナビリティ委員会はユニリーバの社会責任委員会とは異なり，取締役会の外の委員会である。しかも，企業のサステナビリティ経営の監督というよりも，社内にサステナビリティ経営の考え方や意識を浸透することを主な役割としているようである。

日本企業において，サステナビリティ委員会の役割が，取締役会の監督ではなく，サステナビリティ経営を社員に浸透させることであるのは，現段階では止むを得ないかもしれない。しかし，本章の冒頭で紹介した内ケ崎他（2021）は，日本企業は，サステナビリティ経営を監督するために，取締役会のなかにサステナビリティ委員会を設置し，社外取締役が監督機能の中心的役割を果たすべきであると主張している。日本企業のサステナビリティ委員会の多くは，内ケ崎他（2021）が求めるあるべき姿とは異なり，コーポレートガバナンスの役割を果たすまでには至っていないと考える。

1990年のバブル崩壊以降，日本経済は失われた20年または30年と言われるように，長期間にわたり停滞している。また日本企業の多くは欧米企業に周回遅れどころか2周あるいは3周遅れと言われ，その差は拡大しつつあるように見える。このような状況を打破し，日本の企業と経済が復活するためには，まず，欧州企業の経営を精緻に分析する必要があるのではないか。特に，サステナビリティ経営を実践している，欧州企業から学ぶことは多いと考える。

本章で取り上げたユニリーバの場合，パーパスを実現するために，財務・非財務が統合された戦略に基づいて，社会的価値と経済的価値を創造するビジネスモデルが機能している。ユニリーバが社会的価値と経済的価値を創造できるのは，消費者嗜好の洞察，製品開発，マーケティング，セールス活動，財務活動そしてそれらを支える人的資本があると考える。また，本章では考察することができなかった，人権尊重，他者への敬意，経営倫理などを重視する企業文化の存在も大きいと考える。

日本企業は，サステナビリティ経営を実践している欧州の優良企業をお手本として，単に欧州企業のサステナビリティ委員会などの組織形態を導入するだけではなく，企業経営の全体像を詳細に研究して自社の経営に取り入れていただきたい。優れた欧州企業を手本として模倣から始めることは，初期段階では有益であり，恥じる必要はないと考える。明治維新前後の日本人は西洋諸国から多くを学び先進国の仲間入りを果たした。現在の日本企業と欧米企業のギャップは，明治維新時の日本と西洋諸国との国力の差に例えることができよう。それくらいの危機感が必要と考える。

本章で取り上げたユニリーバの事例から言えることは，日本企業は，コーポレートガバナンス改革に留まらず，気候変動，ダイバーシティ，人的資本などの課題に，受動的かつ部分的に対応するだけでは不十分ということである。経営者も従業員も，会社の使命や存在意義を理解し，すべての経営課題に対し能動的かつ総合的に考え実行する能力が求められていると言えよう。明治維新時の日本人が西洋諸国に学んだように，真摯な態度で模範となる欧州企業の全体像を研究することが，日本の企業と経済の復活につながると考える。

［注］

1　本章は，2022年3月18日に日本経営倫理学会ガバナンス研究部会で発表した内容を加筆したものである。

2　英文名は“Integrated Governance ― A new model of governance for sustainability”。国連のウェブサイトによる https://www.unepfi.org/fileadmin/documents/UNEPFI_IntegratedGovernance.pdf（検索日）2022年9月18日。

3　Unilever Plc のウェブサイトによる https://www.unilever.com/our-company/our-history-and-archives/1800s/（検索日 2022年9月30日）。

4　Unilever Plc のウェブサイトによる https://www.unilever.com/our-company/our-history-and-archives/1900-1950/（検索日 2022年9月30日）。

5　Unilever Plc のウェブサイトによる https://www.unilever.co.uk/news/press-releases/2016/celebrating-william-levers-165th-birthday/（検索日 2022年9月30日）。

6　売上高と営業利益は，2021年12月31日のユーロ対円相場128.39で換算した。三菱UFJリサーチ＆コンサルティングのウェブサイトによる http://www.murckawasesouba.jp/fx/year_average.php（検索日）2022年9月18日。

7　Unilever Plc のウェブサイトに https://otp.tools.investis.com/clients/uk/unilever/rns1/regulatorystory.aspx?cid=129&newsid=1528454（検索日）2022年9月8日。

8　Unilever Plc. のウェサイト“Unilever Sustainable Living Plan：Summary of 10 years progress”による。https://www.unilever.com/files/92ui5egz/production/16cb778e4d31b81509dc5937001559f1f5c863ab.pdf（検索日）2022年9月8日。

9　2018年の営業利益には事業売却に伴う利益が含まれている。日本の会計基準では特別利益に計上されるべきものが，営業利益に含まれている。

10　Unilever Plc のウェブサイトによる https://otp.tools.investis.com/clients/uk/unilever/rns1/regulatory-story.aspx?cid=129&newsid=1528454（検索日）2022年9月8日。

11　日立製作所，味の素などでは，取締役会の諮問機関の位置づけで設置されている。

［参考文献］

内ケ崎茂，川本裕子，渋谷高弘（2021）『サステナビリティ・ガバナンス改革』日本経済新聞出版

高山与志子，鈴木紀子，宮地真紀子（2021）「サステナビリティ経営と取締役会（上）―サステナビリティ・ボードの時代へ―」『商事法務』No.2267，7月5日，pp.17-27

高山与志子，鈴木紀子，宮地真紀子（2021）「サステナビリティ経営と取締役会（下）―サステナビリティ・ボードの時代へ―」『商事法務』No.2267，7月15日，pp.41-48

東洋経済新報社（2022）『会社四季報業界地図 2023 年版』東洋経済新報社

ユニリーバ・ジャパン（2022）『ユニリーバ会社概要』https://www.unilever.co.jp/files/92ui5egz/production/d6c92445f81867a056ab68154d94582994938b3d.pdf（検索日）2022 年 9 月 8 日。

Unilever（2020）“*Annual Report and Accounts 2019*”, https://www.unilever.com/investors/annual-report-and-accounts/archive-of-annual-report-and-accounts/（検索日）2022 年 9 月 8 日。

Unilever（2021）“*Annual Report and Accounts 2020*”, https://www.unilever.com/investors/annual-report-and-accounts/archive-of-annual-report-and-accounts/（検索日）2022 年 9 月 8 日。

Unilever（2022a）“*Annual Report and Accounts 2021*”, https://www.unilever.com/investors/annual-report-and-accounts/archive-of-annual-report-and-accounts/（検索日）2022 年 9 月 8 日。

Unilever（2022b）“*The Governance of Unilever 2021*” https://www.unilever.com/files/a05bff1b5b19-4c89-bf85-c085706e74f4/governance-of-unilever-accessible.pdf（検索日）2022 年 9 月 8 日。

Unilever（2022c）“*Unilever Chart2 2021*” https://www.unilever.com/investors/annual-report-and-accounts/charts-2012-2021/（検索日）2022 年 9 月 8 日。

（小方信幸）

第 8 章

攻めのガバナンスに向けた取締役会改革

1. 厳しさを増す事業環境

深刻化する地球温暖化

気候変動が深刻さを増している。2021 年 8 月，気候変動に関する政府間パネル（IPCC）が発表した第 6 次評価報告書によれば，世界の平均気温は 2021～40 年に 1.5℃上昇するという。産業革命以降（1850～2019 年），人間活動に起因する CO_2 は約 2.4 兆トン排出された。同報告書は 67%の確率で気温上昇を 1.5℃に抑えるには，CO_2 排出量を 4,000 億トン以下に抑えることを求めている。

2021 年 10 月に英国グラスゴーで開催された COP26 は，こうした危機感を背景にグラスゴー合意を採択した。合意文書に盛り込まれた重要なポイントは，①温暖化被害の多い 2℃よりも 1.5℃を重視して排出削減に向けた取り組みを進めること，②排出削減対策がとられていない石炭火力の段階的削減に向けた努力を明記したことである。

当初，英国は石炭火力の「段階的な廃止（phase-out）」に強くこだわったが，インドなどの反発が強く「段階的な削減（phase-down）」に表現が後退した。しかし，石炭火力の段階的削減が合意文書に明記されたことの意義は大きい。

ロシアによるウクライナ侵攻によって世界的なエネルギー危機が生じている。日本政府と企業は電力の逼迫を理由に石炭火力への依存度を高めようとしているが，グラスゴー合意とどのように向き合うのか，今後の対応が注目される。IPCC によると，平均気温の上昇を 1.5℃に抑えるには，2030 年時点で

2010年比45%の削減が必要となる。一方，現状の取り組みでは2030年時点でCO_2排出量は13.7%増えると予測されている。

グラスゴー合意によって，企業に求められるCO_2削減はこれまで以上に厳しさを増す。しかし，カーボンニュートラルに向けた日本企業の姿勢は二極化が進んでいる。東証プライム市場には，SBTイニシアチブ（SBTi）の新基準である「1.5℃目標」の認定を取得する企業がある一方，日本政府の目標である2030年度において温室効果ガス46%削減（2013年度比）を下回る目標を漫然と掲げている企業もある。この差はひとえに取締役会の認識の違いであろう。カーボンニュートラルへの対応は，取締役会の実効性を評価する一つの尺度といえるだろう。

変わるステークホルダーの意識

10代から20代前半の若者を指すZ世代（1990年代後半～2010年生まれ）の中で，「企業が社会の利益を最優先に行動しているとは思わない」と感じている者が44%を占めている[1]。2030年代に消費の主流となるZ世代の約半数が企業を信頼していないのである。

さらに，近年台頭が目立つ「Belief-driven消費者」（信念や価値観に基づく消費者）の約3分の2は，「ビジネス変革のイニシアチブについて，政府が変更を強制するのを待つのではなく，CEOが変更を主導すべきである」という思いを抱いている[2]。

図表8-1は日本が京都議定書を締結した2002年～2014年における，日本と欧米諸国のGDP成長率とGHG（温室効果ガス）総量変化率を示している。日本はGDP成長率とGHG総量変化率のいずれにおいても，欧米諸国に見劣りがする。バブル崩壊後の日本経済を揶揄する「失われた30年」という表現が使われるが，すくなくとも京都議定書締結期間における日本は，経済成長とGHG排出削減の両面において具体的な成果を挙げていないといえるだろう。

GDPとは経済活動により生み出された商品やサービス等付加価値の総額を指すが，パリ協定の先駆けとなる京都議定書の締結期間において，日本企業の取締役会は付加価値を創出することも出来ず，温室効果ガスの削減にも失敗したことになる。

図表 8－1　京都議定書締結期間（2002～2014 年）の GDP 成長率と GHG 総量変化率

	日本	スイス	スウェーデン	英	米	独	仏
GHG総量変化率	−1.9%	−7.1%	−22.5%	−24.8%	−4.4%	−13.0%	−15.7%
GDP成長率（名目）	−0.4%	36.8%	52.5%	62.1%	58.0%	32.0%	33.8%

（出所）環境省・みずほ情報総研「SBT（企業版 2℃目標）について」

日本企業の課題先送り体質が顕著に表れているといえるだろう。こうした姿勢は一朝一夕に変わるものではない。パリ協定発効後も日本企業のカーボンニュートラルに向けた取り組みが遅々として進まない背景には，取締役会のリアクティブな姿勢があるのではなかろうか。

2. 東京証券取引所改革と改訂コーポレートガバナンス·コード

上場区分見直しの背景

2021～22 年にかけて，上場企業のコーポレートガバナンスを巡る政策に大きな変化が生じた。2022 年 4 月に実施された東京証券取引所の上場区分の見直しと，これに先駆けて 2021 年 6 月に施行されたコーポレートガバナンス・コード（企業統治指針）の改訂である。

図表 8－2 で示したように，東京証券取引所はこれまで曖昧さが指摘されてきた従来の市場区分を見直し，明確なコンセプトの下でプライム市場，スタン

図表8－2　上場企業の移行状況（2022年4月時点）

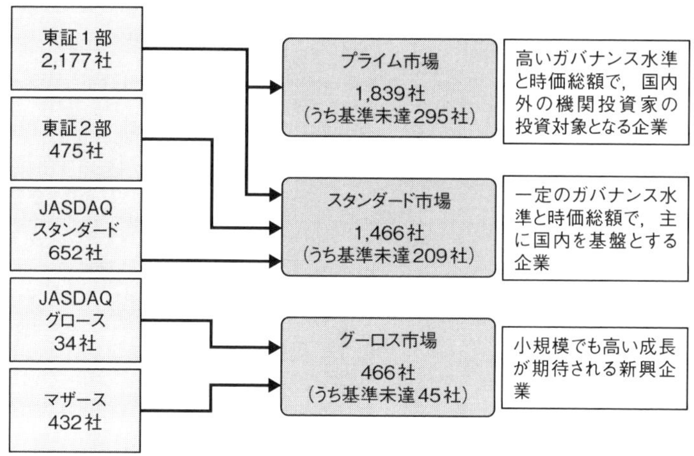

（出所）各種資料をもとに筆者作成

ダード市場，グロース市場の3市場を新たに創設している。

プライム市場は国内外の機関投資家の投資対象になる規模の時価総額（流動性）を持ち，より高いガバナンス水準を備え投資家との建設的な対話を通じて，持続的な成長と中長期的な企業価値の向上にコミットする機関投資家向けの市場と位置づけられている。

コーポレートガバナンス・コード改訂の意図

コーポレートガバナンス・コードの改訂は東京証券取引所の上場区分の見直しと軌を一にするものである。上場企業の持続的成長と企業価値向上を実現するには，国内外の多様な投資家から高い支持を得ることが欠かせない。このような認識の下，金融庁は次の三点を今回の改訂の重要施策として盛り込んでいる（図表8－3参照）。

①取締役会の機能発揮

②企業の中核人材における多様性（ダイバーシティ）の確保

③サステナビリティ（ESG要素を含む中長期的な持続可能性）を巡る課題への取り組み強化

図表8－3　コーポレートガバナンス・コードの改訂ポイント

取締役会の 機能発揮	・取締役会の1／3以上に独立社外取締役を選任 ・指名／報酬委員会の過半数に独立社外取締役を選任 ・取締役会に必要なスキルと取締役の保有スキルを開示
中核人材における 多様性の確保	・管理職における多様性確保の考え方と測定可能な自主目標の設定 ・多様性確保に向けた人材育成方針と社内環境整備方針、実施状況の公表
サステナビリティを巡る 課題への取り組み	・サステナビリティの基本方針策定と取り組みの公表 ・TCFDまたは同等の国際的枠組みに基づく気候変動開示の質と量の充実
その他	・議決権電子行使環境の利用 ・英文での情報開示の促進

（出所）金融庁（2021）「コーポレートガバナンス・コードと投資家と企業の対話ガイドラインの改訂について」

図表8－4　プライム市場移行企業の実態

上場区分	売上高 純利益率（%）	社外取締役 3分の1以上（%）
旧東証一部 2,177社	6.0%	77%
プライム市場 （基準適合） 1,544社	6.1%	83%
プライム市場 （基準未達） 295社	4.1%	72%

（出所）日本経済新聞（22年4月4日）を基に筆者作成。

上場区分の最高位に位置するプライム市場は，「利益の量（稼ぐ力）」と「利益の質（サステナビリティ対応）」の両面で優れた企業であることが必要条件となっている。旧東証1部上場企業の8割がプライム市場に移行した。一方，プライム市場の上場基準を満たさないものの，経過措置の適用によってプライム市場への上場が認められた企業が295社ある[3]（図表8－2参照）。

プライム市場に上場するには，流通株式比率35%以上，流通時価総額100億円以上，独立社外取締役3分の1以上などの基準を満たす必要がある。経過措置の対象企業は，これらの基準を満たしていなくても，当面はプライム市場に残ることができる。

2023年1月，東京証券取引所は「経過措置」を2025年3月（9月決算の場合は2025年9月）で終了すると発表した。その後，1年間の改善期間を設けるが，基準未達の場合は監理・整理銘柄に指定され上場廃止となる。

経過措置が適用された企業のみならず，プライム市場に上場している企業のコーポレートガバナンスの実態は玉石混交である。コーポレートガバナンス・コードと新上場基準を厳しく適用し，おざなりなガバナンス改革で経営構造の変革を先送りする企業は，投資家からの信任を得ることは難しいといえよう。

3. 機能しない取締役会

取締役会の実効性とは

2015年にコーポレートガバナンス・コードが導入されたが，企業統治の改革によって日本企業の競争力を高めるという当初の狙いは達成できたとは言い難い。2021年に改訂されたコーポレートガバナンス・コードは，こうした反省に立ったものといえるだろう。課題は取締役会の実効性をいかに担保するかである。

日本企業の取締役会では経営判断を左右するような実質的な議論が行われることは少なく，CEOを頂点とする執行側の意向を追認する役割にとどまってきたといわれる。社内取締役は取締役の人事権を実質的に握るCEOの意に反した発言ができず，業績が低迷してもドラスティックな変革を促すことはできなかった。予定調和に終始し長期戦略や事業構造の変革についての議論を先送りしてきた取締役会の存在に対して，投資家は厳しい目を向け始めている。

日本企業の経営構造を変革するには，取締役会が内包する課題を克服して実効性を高めることが欠かせない。改訂コーポレートガバナンス・コードが取締役会の強化を統治改革の本丸と位置づけ，しがらみにとらわれず経営に目を光らせる社外取締役の役割を重視する方向性を打ち出したことは正鵠を得ているといえるだろう。コーポレートガバナンス・コードへの形だけの適応を脱して，社外取締役が経営の要として機能するか否かが経営の質を評価する指標となるといえよう。

図表 8－5　新任 CEO の他企業での職務経験

	経験あり	経験なし
世界平均	72%	28%
日本	18%	82%
西欧	86%	14%
米国・カナダ	94%	6%
中国	65%	35%

（出所）Pwc（2018）「Strategy & 2018 年 CEO 承継調査（日本版）」

日本型コーポレートガバナンスの実態

図表 8－5 は新任 CEO の他企業での職務経験の有無を示している。日本企業の新任 CEO で他企業での職務経験を有する者は僅か 18%に過ぎない。新卒一括採用という就業慣行と労働市場における流動性の乏しさが影響しているとはいえ，世界平均と比較しても他企業での職務経験を有する CEO の割合が 4 分の 1 にとどまっているというのは，グローバル市場の中でも際立った特徴である。

日本企業では実力もさることながら，社内での調整能力に長けた者が CEO に就くケースが多いと考えられる。その結果，社内のコンセンサスを重視し，軋轢を生むリスクのあるドラスティックな決断を避ける傾向が強いといえるだろう。さらに横並び意識が強い日本企業は，問題の先送りや万事につけて様子見姿勢をとることが多い。一部の先進企業を除き，カーボンニュートラルやサステナビリティの領域ではこうした傾向が顕著となっており，これが取締役会の不作為の暴走につながる可能性を否定できない。

社外取締役に求められる「アウトサイド・イン（Outside-in）」思考

SDGsは企業の行動指針として，「アウトサイド・イン（Outside-in）」アプローチを重視している。当初は気候変動などの分野で企業が科学に基づく目標設定を行う意味で使われていたが，現在では社会課題の解決を起点にしたビジネス創出という意義が注目されている。

これまでは，企業が自社の製品・サービスの強みを生かしてマーケットを開拓する「プロダクト・アウト（Product-Out）」や，市場のニーズに合わせて製品・サービスを開発する「マーケット・イン（Market-In）」が企業戦略の主流だった。しかし，こうした戦略は未来の顧客を創造することが不得手であった。社会課題を起点にした事業創造とは，未来の顧客を創造する可能性を秘めているのである。

「アウトサイド・イン」の視点を持った経営を行うことは容易ではない。日本企業のように内部昇格によってCEOとなった者は，「インサイド・アウト（Inside-out）」的な思考パターンが染みついている。こうした姿勢を是正し，取締役会が「アウトサイド・イン」アプローチによる思考パターンを実践するために欠かせないのが独立社外取締役なのである。

欧米主要国の独立社外取締役

図表8-6は主要国の取締役会における独立社外取締役の割合を示している。改訂コーポレートガバナンス・コードと東証再編の影響によって，日本企業の取締役会に占める独立社外取締役の割合は増加傾向を示している。

しかし，日本のトップ企業における独立社外取締役の割合は海外と比べて見劣りがする。米国，英国，フランスでは独立社外取締役の割合が6〜8割を占めている。一方，日経225やTOPIX100における独立社外取締役の割合は増えているが5割に満たない。この結果から，独立社外取締役を十分活用しきれていない日本企業の姿が浮かび上がってくる。

日本企業では他社経験がないCEOと生え抜きの社内取締役が取締役会の意思決定を主導する構造が続いているのである。

図表 8－6　主要国における独立社外取締役の割合（2019 年・2021 年）

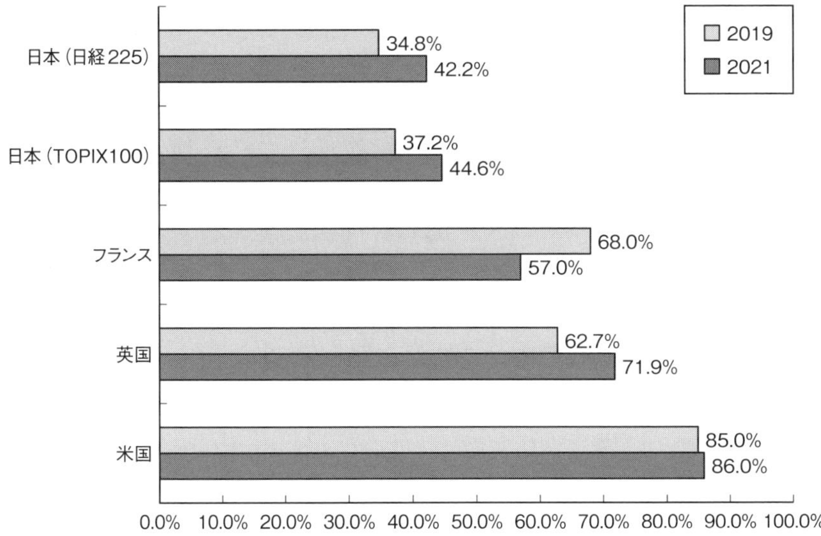

（出所）Spencer Stuart「2019 Japan Board Index」及び「2021 Japan Board Index」を基に筆者作成。

4. 独立社外取締役と企業価値

独立社外取締役に対する期待

プライム市場に上場する企業は，独立社外取締役を 3 分の 1 以上選任することが求められている。では，独立社外取締役と企業価値（株価）の関係には相関性があるのだろうか。

日本経済新聞（21 年 7 月 14 日）によれば，独立社外取締役が 3 分の 1 以上の企業と 3 分の 1 未満の企業を比較しても ROE（株主資本利益率）には差が見られなかったという。

この結果はむしろ当然であろう。独立社外取締役の形式要件を整えたとしても，その効果が短期間で現れるとは考えにくいからである。一方，PER（株価収益率）は独立社外取締役が 3 分の 1 以上いる企業が僅かながら高いという結果になった（図表 8－7 参照）。

図表8－7　独立社外取締役比率と企業価値の関係

上場区分	社外取締役 1／3以上	社外取締役 1／3未満
ROE平均	8.2%	8.2%
PBR平均	1.9倍	1.5倍
PER平均	23.2倍	18.3倍

（注）東証1部上場3月決算企業（除金融）の2015～19年の平均。
（出所）日本経済新聞（2021年7月14日）を基に一部修正。

PERが高いということは利益に比べて株価が割高であることを示唆しているが，当該企業に対する投資家の期待が大きいことも示している。投資家はたとえ割高であっても，企業価値が上昇する可能性が高い企業に投資する傾向が強いからである。

PERは「PER＝PBR÷ROE」という関係式から算出されるが，図表8－7で示したように独立社外取締役が3分の1以上の企業はPERが若干高い（23.2>18.3）という結果になった。高PER銘柄は企業収益に比べ株高の傾向があることから，投資家は独立社外取締役が3分の1以上の企業に対して，一定のプレミアムを付けて評価していると考えられる。

課題は独立性の確保

日本企業のCEOの選定プロセスを踏まえれば，CEOが常に「アウトサイド・イン」の視点を持って経営判断を下せる企業はそう多くないだろう。特定のスキルを持つ人材を取締役や執行役員として採用するケースも見られるようになったが，社内取締役はCEOに忠実で社内の調整能力が高い人材が選任されるケースが多いのではないだろうか。こういう企業にこそ外部の目線でモノを言う独立社外取締役が必要なのである。

エンジンの排ガスや燃費試験での不正が明らかになった日野自動車では，米議決権行使助言会社のインスティテューショナル・シェアホルダー・サービシーズ（ISS）が社外取締役の1名について独立性が認められず，社外取締役の割合が3分の1を下回っていると指摘した[4]。取締役会に対する株主の不信感が拡大した結果，同社社長の取締役再任への賛成率は66.59%にとどまった[5]。社外取締役の形式要件が整いつつあるが，今後は社外取締役の質に対して投資家の厳しい視線が注がれていくことになるだろう。

5. 独立社外取締役の役割

求められる外部の目線

長期的な経営課題に対して，独立社外取締役が戦略構想の立案に積極的に関与する動きがみられる。最近，サステナビリティやカーボンニュートラルなどを巡る経営課題を議論するサステナビリティ委員会を設置する企業が増えている。こうしたサステナビリティ委員会では，専門的なスキルを持つ独立社外取締役が委員長に就任するケースが少なくない。

2021 年，味の素（株）は取締役会の下部機構として「サステナビリティ諮問会議」，経営会議の下部機構として「サステナビリティ委員会」を設置している。「サステナビリティ諮問会議」の議長は外部有識者が就任している（図表 8 - 8）。大成建設は独立社外取締役を委員長とする CSR 委員会を「サステ

図表 8 - 8　味の素（株）サステナビリティ推進体制

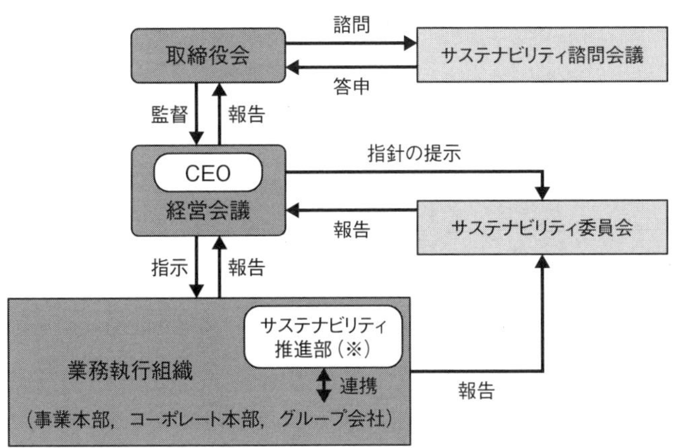

（出所）味の素株式会社（https://www.ajinomoto.co.jp/company/jp/activity/news/news20210308.html）

ナビリティ委員会」に改称し，グループのサステナビリティ活動を多様な観点から強化する方針を打ち出している。

独立社外取締役が委員長に就くことで議論が多面的になり，よい意味での緊張感が生まれたと評価する声が多い。取締役会に専門的な組織を設ける理由は，外部環境の変化に経営が対応できているか否かを，外部の目で監督することにあると考えられる。欧米企業が先行する独立社外取締役の役割の多様化は日本企業にも広がってきたが，人材確保などの課題が残っている。

6. 機能しない独立社外取締役

投資家の不信感

一般社団法人生命保険協会の調査[6]によると，投資家の半数以上が社外取締役に期待される役割が果たされていないと感じている。図表８-９が示しているように，社外取締役の役割が「不十分であり改善の余地がある」(51.4%)，

図表８－９ 社外取締役に対する投資家の評価

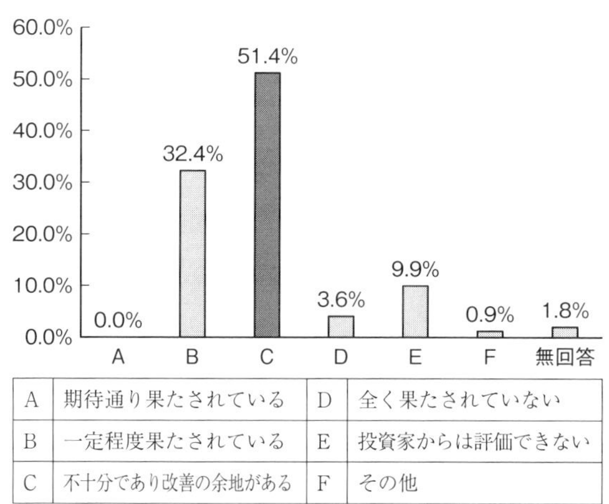

A	期待通り果たされている	D	全く果たされていない
B	一定程度果たされている	E	投資家からは評価できない
C	不十分であり改善の余地がある	F	その他

（出所）一般社団法人生命保険協会「平成29年度生命保険協会調査 株主価値向上に向けた取り組み」

「全く果たされていない」（3.6%）を合わせると55%に達する。

投資家の多くが選任された独立社外取締役が企業価値の向上にどのように貢献しているのかに関心を寄せており，企業は社外取締役の①選任理由，②期待する役割，③活動内容と効果について，情報開示を充実させていくことが求められている。

スキル・マトリックスの活用

投資家が独立社外取締役に対して抱いている不信感を解消する方法として，スキル・マトリックスの活用がある。スキル・マトリックスとは，取締役会に必要なスキルを分野ごとに一覧表にまとめ，どの取締役がどの分野について知見や専門性を備えているかを示したものである[7]。

取締役全員のスキルバランスを可視化することで，会社が抱える課題を解決するために必要な経営機能が備わっているのか，社外取締役のスキルが経営課題の解決にマッチしているのかなどが外部から判断しやすくなる。2010年，米国企業の一部がスキル・マトリックスを導入し，日本では2016年に日本取引所グループで採用されている。

2021年に改訂されたコーポレートガバナンス・コードでは，経営戦略に合わせて個々の取締役のスキルを特定し多様性を確保する必要があると言及されており，取締役の選任に関する方針・手続きとあわせて，スキル・マトリックスの開示が求められるようになった。

コーポレートガバナンス・コードの要求を受けて，東証プライム市場上場企業を中心にスキル・マトリックスを開示する企業が急増している。投資家からの開示要求が強い社外取締役のスキルと多様性を可視化することが，スキル・マトリックス開示のポイントと言ってよいだろう。

7. スキル・マトリックスの実態

経営戦略との整合性を欠く取締役のスキル

改訂されたコーポレートガバナンス・コード（補充原則4－11①）は，「取締役会は，経営戦略に照らして自らが備えるべきスキル等を特定した上で，取締役会全体としての知識・経験・能力等を一覧化したいわゆるスキル・マトリックスをはじめ，経営戦略や事業特性等に応じた適切な形で取締役の有するスキル等の組み合わせを取締役の選任に関する方針・手続と併せて開示すべきである。その際，独立社外取締役には，他社での経営経験を有する者を含めるべきである」と規定している。

コーポレートガバナンス・コードの要求にしたがって，企業は取締役の知識，経験，能力を可視化した「スキル・マトリックス」の開示を進めている。2021年6月時点で，日経225構成銘柄のうち約45％にあたる103社が「スキル・マトリックス」を開示している。

投資家をはじめとするステークホルダーはスキル・マトリックスを通じて，取締役が経営戦略の実効性を担保するスキルを有しているのか否かを確認することになる。企業が持続的に成長していくには経営陣に多様性が必要との考えが，改訂コーポレートガバナンス・コードの背景にある。

スキル・マトリックスには作成上のルールがなく，企業は他社の動向を横目で見ながら手探りの状態で作成している。そのため，既に開示されているスキル・マトリックスには質・量の両面でバラツキが生じている。日本企業のスキル・マトリックスを巡る課題は，経営戦略とスキル・マトリックスの項目が関連づけられていないことである。つまり，経営戦略で求められるスキルを有している取締役がいないというケースも少なくない。

スキルの見える化

図表8－10は業種を問わず，あらゆる取締役に求められる共通スキルを示したものである。「企業経営」に関する知見は取締役にとって欠かせない要件であろう。他企業のCEOを務めた者が独立社外取締役になるケースも多いが，

図表8－10　スキル・マトリックスの共通項目

事業内容にかかわらず取締役に求められる共通スキル							
企業経営	営業 マーケティング	財務・会計 ファイナンス	人材 マネジメント	法務リスク マネジメント	DX・IT	グローバル	ESG サステナビリティ

（出所）筆者作成。

何をもって「企業経営」のスキルといえるのかは意見が分かれるといえよう。

20世紀後半，大量生産・大量販売を前提とした資源エネルギー多消費型ビジネスモデルで成功を収めた経営者が，カーボンニュートラルやサステナビリティという事業環境の変化に適応した知見を提供できるのだろうか。

現代企業にとって欠かせない「DX・IT」と「ESGサステナビリティ」は，欧米企業に比べて日本企業が立ち遅れている領域である。多くの企業が「デジタル戦略」と「サステナビリティ戦略」を重要施策として掲げているが，この分野のスキルを保有する取締役が少ないことがウィークポイントになっている企業も少なくない。社内取締役にはこの分野に知見を有する者が少ないため，専門的スキルを有する独立社外取締役をいかに登用するかが戦略の実効性を担保する鍵を握っていると考えられる。

8. スキル・マトリックスの開示例

（株）丸井グループのスキルマップ

オリジナリティに富んだスキル・マトリックスを開示している企業に丸井グループがある。図表8-11は同社の執行役員スキルマップの一部であるが，マネジメントスキルに加えて，各執行役員の「ベーシック・キャラクター」と「行動パターン」を開示するという試みを行っている。

同社はステークホルダーがミッションや長期ビジョンの実現に向けて，各分野の代表者である執行役員の性格特性やマネジメントスキルを多面的に理解してもらうことを意図していると説明しているが，他社にはないチャレンジングな試みとして評価したい。

執行役員の内面的資質を開示

図表8-12〜14は，丸井グループ執行役員の「ベースキャラクター」，「行動パターン」，「マネジメントスキル」を集約したものである。「ベースキャラクター」と「行動パターン」の特性分布は非常にバランスが取れている。「マネ

図表8－11　丸井グループ執行役員スキルマップ

執行役員	ベーシックキャラクター					行動パターン				マネジメントスキル						
	外向的（能動性）	内向的（受容性）	活動的 指導力	忍耐性 持久力	柔軟性 適応力	インスピレーション（直観・情熱）	シンキング（論理・知識）	フィーリング（感情・共感）	プラクティカル（現実・堅実）	イノベーション（事業開発）	マーケティング（開拓精神）	オペレーション（経営管理）	ファイナンス（財務・経理）	人材マネジメント（人材開発）	IT リテラシー（Web・EC）	サステナビリティ（ESG・リスク）
A																
B																
C																
D																
E																
F																
G																
H																
I																
J																
K																
L																
M																
N																
O																
P																

（出所）株式会社丸井グループ（2018）『VISION BOOK 2050』を基に筆者作成。

図表 8－12　執行役員のベースキャラクター

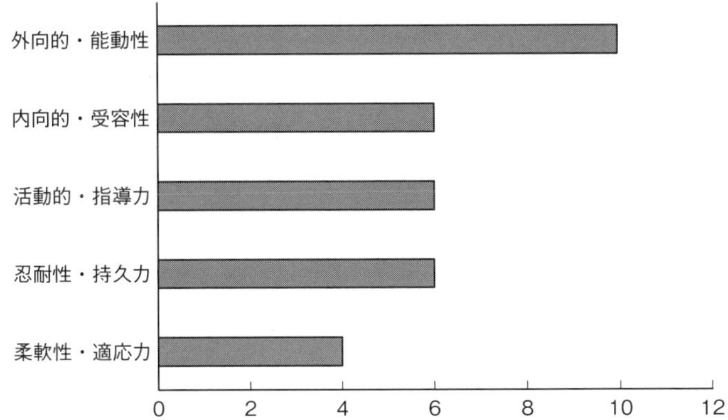

（出所）株式会社丸井グループ（2018）『VISION BOOK 2050』を基に筆者作成。

図表 8－13　執行役員の行動パターン

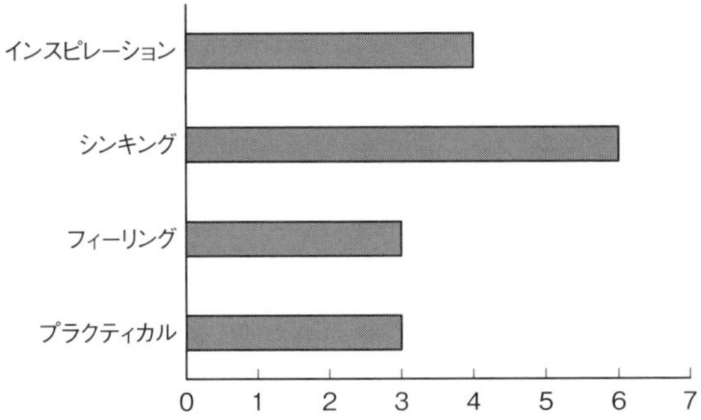

（出所）同前。

ジメントスキル」については，「イノベーション」，「マーケティング」，「オペレーション」について高いスキルを保有する人材が多いことが看取できる。

一方，「人材マネジメント」と「サステナビリティ」については，さらなる充実を求めたい。経営陣の価値観とスキルを可視化しようという同社の意図は，独立社外取締役の「質」を評価するうえでも大いに参考とすべきであろう。

図表8－14　執行役員のマネジメントスキル

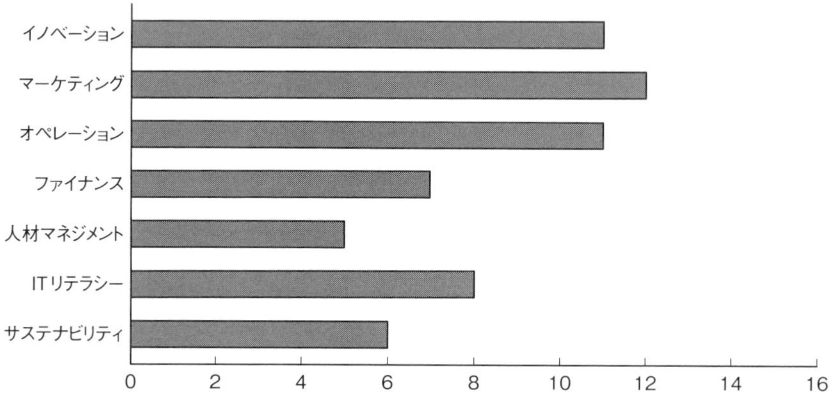

イノベーション
マーケティング
オペレーション
ファイナンス
人材マネジメント
ITリテラシー
サステナビリティ

0　2　4　6　8　10　12　14　16

（出所）同前。

問われる独立社外取締役の質

筆者は東証プライム上場企業の次世代経営者（対象：部課長クラス）を対象とした勉強会で講師を務めた際に，「御社の独立社外取締役全員の選任理由と専門スキルを知っているか」という質問を行ったことがある。残念ながら，ほとんどの参加者が口をつぐんでしまったが，次世代の経営者候補といわれる優秀な幹部社員でもこの程度なのである。

ESG投資においてもコーポレートガバナンスに関する評価は難しく，形式的要件が整っていれば問題なしとされてしまう。中でも取締役に対する評価基準は曖昧で，経営戦略と取締役のスキルの整合性に関する実質的な評価は行われていないのが実態であろう。社外取締役については，独立性を疑問視される大株主，大口取引先，企業グループ内，一定年数を経た元社員などが就任するケースが少なくない。

コーポレートガバナンス・コードと東証再編によって，社外取締役の形式要件は整いつつあるが，今後は社外取締役の独立性やスキルが投資家から問われることになるだろう。

9. サステナビリティ経営の鍵を握る取締役会改革

「Why」（パーパス）から「Where」（ありたい企業像）へ

サステナビリティ経営はいまや企業存続のためのパスポートとなった。改訂コーポレートガバナンス・コードと東証再編がこの流れを加速させている。しかし，資源エネルギー多消費型経営モデルから脱却できない日本企業は少なくない。経営構造改革を先送りする企業は，サステナビリティ経営をどのように実現していくのだろうか。

企業経営の起点とは「当社は何故存在しているのか」という問い（パーパス）であり，取締役会に求められているのは「ありたい企業像」（ビジョン）を示すことである。パーパスは「Why」，ビジョンは「Where」と置き換えることができよう。

現代社会が企業に求めているのは，「Why」を起点にして「Where」に至るロードマップを示すことなのである。取締役会の責務は投資家をはじめとする外部ステークホルダーに，事業戦略とサステナビリティ戦略を統合したロードマップを示すことであろう。

しかし，プライム市場上場企業の中にも「ありたい企業像」に至るロードマップを示すことなく，問題を矮小化して経営構造改革を先送りする企業が存在している。このような企業に共通するのが，事業環境の変化と向き合うことを避け予定調和的な意思決定を繰り返す取締役会の存在である。

日本企業の取締役会は実効性が乏しいと批判されている。多くの企業が取締役会の実効性評価を実施しているが，評価方法は個々の取締役や監査役に対するアンケート調査が主流となっている。しかし，アンケート調査は取締役会の構成員である取締役や監査役が自己評価しているに過ぎず，評価対象と評価者が実質的に同じなのである。こうした調査手法で取締役会の実効性を評価することには限界がある。取締役会の実効性を高めるには，個々の取締役の意識と行動を変えなければならないということである。

取締役会改革に知見を持つコンサルティング会社のコーンフェリーによれば，グローバル企業の取締役会には4つの発展段階があるという[8](図表8-15

図表8－15 サステナビリティ経営に向けた経営構造改革

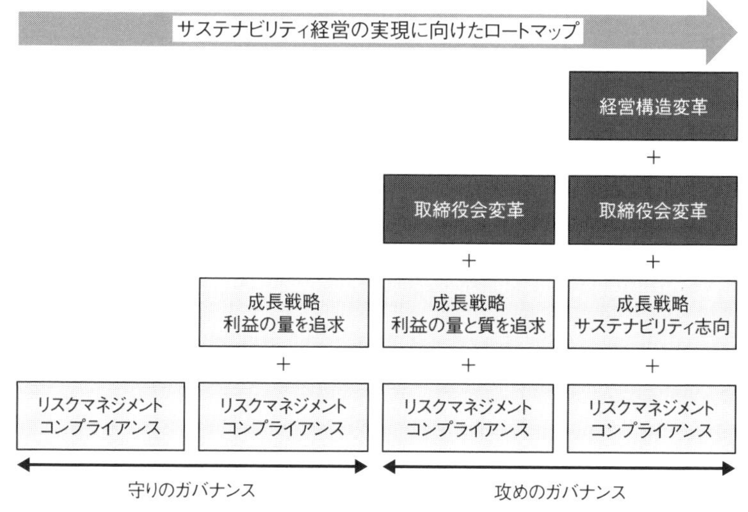

（出所）コーン・フェリー・ジャパンの資料を基に筆者作成。

参照）。

基礎段階：コンプライアンス上のリスクをヘッジする。

成長志向：全取締役が企業の長期目標と戦略を共有し将来の成長を主導する。

変革実現：新たなビジネスモデルと組織への変革を取締役会が後押しする。

永続的段階：高次な視点からガバナンスを行える真のダイバーシティーを持つ。

経営構造の変革なくしてサステナビリティ経営の実現は難しい。事業環境に適応した経営構造を再構築するための必要条件とは取締役会の変革である。取締役会の変革とは取締役の意識と行動を変えることである。

2030年代にはZ世代が消費の主流となる。Z世代が共感を寄せるのは資源エネルギー多消費型企業ではなくサステナビリティ経営を実践する企業であろう。サステナビリティ経営への転換が持続的成長の起点となるのである。しかし，取締役会のリーダーシップがなければ，ドラスティックな経営構造改革は難しい。言い換えるのならば，取締役会の決断と行動が企業価値向上の鍵を握っているといえよう。

厳しさを増す機関投資家の評価

機関投資家はコーポレートガバナンスに課題がある企業に対して，厳しい視線を向けつつある。排気ガス不正や燃費基準違反が明らかとなった日野自動車では，小木曽社長の取締役選任案に投票した17社すべてが反対し，品質不正が組織的に行われていた三菱電機の漆間社長の選任案にも18社中12社が反対をしている[9]。

アセットマネジメントOneは，①社外取締役が大株主企業に在籍経験がある場合は独立性がないと判断し反対する，② TOPIX100構成企業で株主総会後の取締役会において女性の取締役が1名以上在籍していない場合は代表取締役の選任に反対するとしている[10]。

サステナビリティ経営を実現するコーポレートガバナンスとは，課題を先送りする不作為の暴走を抑制しプロアクティブな経営判断を下す取締役会を実現することである。取締役会の変革は経営構造改革の起点になるのは言うまでもない。

米エクソン社では脱炭素派のアクティビスト（物言う株主）が推薦した取締役が株主総会で選任された。環境対策の甘さが経営リスクと判断されたのである。投資家は数合わせではなく実効性を伴った社外取締役の選任を求めている。

過去の成功体験に依存する予定調和の時代は終わった。ビジネスの変革は多様な知の結合から生まれる。社会の変革を先取りしたESG経営は，経営トップが旗振り役となり，社員全員がソリューションを考える組織風土から生み出されるのである。

［注］

1　詳細はSalesforce「第4回コネクテッドカスタマーの最新事情（2020年）」調査を参照されたい。
2　詳細はエデルマン・ジャパンが実施した消費者意識調査「2018エデルマン・アーンドブランド」を参照されたい。
3　日本経済新聞記事（2022年4月4日）。
4　商船三井特別顧問の武藤光一氏について独立性が認められないと指摘された。
5　日本経済新聞記事（2022年6月24日）。
6　平成29年度生命保険協会調査「株式価値向上に向けた取り組みについて」
7　経済産業省（2020）「社外取締役の在り方に関する実務指針」（社外取締役ガイドライン）
8　コーン・フェリー・ジャパン（https://focus.kornferry.com/wp-content/uploads/2015/02/

KFJ_BoardTransformation_Deck2021-6-1.pdf）
9　日本経済新聞記事（2022 年 10 月 15 日）
10　アセットマネジメントし One「2022 年４月～6 月 総会議決権行使指図結果」

［参考文献］

江川雅子（2018）『現代コーポレートガバナンス：戦略・制度・市場』日経 BP
神田眞人（2022）『世界のコーポレートガバナンス便覧』財経詳報社
経済産業省（2022）「サステナブルな企業価値創造のための長期経営・長期投資に資する対話研究会（SX 研究会）報告書
菊地正俊（2020）『アクティビストの衝撃―変革を迫る投資家の影響力』中央経済社
ビル・マクナブ，ラム・チャラン，デニス・ケアリーほか（2022）『Talent/Strategy/Risk 人材・戦略・リスク長期的な価値創造を担う取締役会の仕事』日経 BP 日本経済新聞出版
松田千恵子（2021）『サステナブル経営とコーポレートガバナンスの進化』日経 BP
三隅隆司，茶野努，安田行宏（2020）『日本企業のコーポレート・ガバナンス』中央経済社
中村直人，山田和彦，倉橋雄作（2018）『実践 取締役会改革』中央経済社
中村直人（2016）『取締役会改革』中央経済社
日本取締役協会（2022）『コーポレートガバナンス vol.9 』株式会社エフジー武蔵
日本取締役協会（2022）『コーポレートガバナンス vol.7 』株式会社エフジー武蔵
大塚章男（2021）『ステークホルダー・キャピタリズム時代のコーポレートガバナンス』中央経済社
PwC Japan（2019）「第 22 回世界 CEO 意識調査」
PwC あらた有限責任監査法人（2021）『コーポレートガバナンス・コードの実務対応』中央経済社
生命保険協会（2017）「平成 29 年度調査 株式価値向上に向けた取り組みについて」
Spencer Stuart（2019）「2021Japan Spencer Stuart Board Index」。
高山与志子（2020）『取締役会評価のすべて』中央経済社
東京証券取引所（2021）『東証上場会社コーポレート・ガバナンス白書』
内ヶ崎茂，川本裕子，渋谷高弘（2021）『サステナビリティ・ガバナンス改革』日本経済新聞出版
山田英司（2021）『ボード・サクセッション』中央経済社

（長谷川直哉）

索　引

【英数字】

【ア行】

【カ行】

【サ行】

【タ行】

【ハ行】

【マ行】

【ヤ行】

【ラ行】

執筆者一覧（執筆順）
長谷川 直哉　法政大学人間環境学部 教授　（編者，序章，第８章）
川村 雅彦　大阪成蹊大学国際観光学部 客員教授　（第１章）
伊藤 由宣　デロイトトーマツリスクアドバイザリー シニアマネージャー（第２章）
住田 一真　株式会社ブレーンセンター　（第３章）
高見澤 昇吾　株式会社ブレーンセンター　（第３章）
出路 誠　株式会社ブレーンセンター　（第３章）
丸山 秀一　NTT ファシリティーズエンジニアリング環境コンサルティング事業部部長　（第４章）
白鳥 和彦　武蔵野大学大学院環境学研究科長 教授　（第５章）
竹原 正篤　法政大学人間環境学部 特任准教授　（第６章）
小方 信幸　法政大学大学院政策創造研究科 教授　（第７章）

法政大学イノベーション・マネジメント研究センター叢書 24
サステナビリティ・トランスフォーメーションと経営構造改革

2023 年 3 月 25 日　第 1 版第 1 刷発行　　検印省略

編著者　長谷川　直　哉
発行者　前　野　　隆
発行所　株式会社　文　眞　堂
東京都新宿区早稲田鶴巻町 533
電 話　03（3202）8480
FAX　03（3203）2638
https://www.bunshin-do.co.jp/
〒162-0041 振替 00120-2-96437

印刷・真興社／製本・高地製本所
©Naoya Hasegawa 2023　Printed in Japan
定価はカバー裏に表示してあります
ISBN978-4-8309-5219-7 C3034